COLLECTION IDÉES

Nathalie Sarraute

L'ère
du soupçon

ESSAIS

SUR LE ROMAN

Gallimard

PRÉFACE

L'intérêt que suscitent depuis quelque temps les discussions sur le roman, et notamment les idées exprimées par les tenants de ce qu'on nomme le « Nouveau Roman », porte bien des gens à s'imaginer que ces romanciers sont de froids expérimentateurs qui ont commencé par élaborer des théories, puis qui ont voulu les mettre en pratique dans leurs livres. C'est ainsi qu'on a pu dire que ces romans étaient des « expériences de laboratoire ».

Et dès lors on pourrait croire que, m'étant formé certaines opinions sur le roman actuel, sur son évolution, son contenu et sa forme, je me suis, un beau jour, efforcée de les appliquer, en écrivant mon premier livre, Tropismes, et les livres qui l'ont suivi.

Rien n'est plus erroné qu'une telle opinion.

Les articles réunis dans ce volume, publiés à

partir de 1947, ont suivi de loin la parution de
Tropismes. J'ai commencé à écrire Tropismes
en 1932. Les textes qui composaient ce premier
ouvrage étaient l'expression spontanée d'impressions très vives, et leur forme était aussi spontanée et naturelle que les impressions auxquelles
elle donnait vie.

Je me suis aperçue en travaillant que ces
impressions étaient produites par certains mouvements, certaines actions intérieures sur lesquelles
mon attention s'était fixée depuis longtemps. En
fait, me semble-t-il, depuis mon enfance.

Ce sont des mouvements indéfinissables, qui
glissent très rapidement aux limites de notre
conscience ; ils sont à l'origine de nos gestes,
de nos paroles, des sentiments que nous manifes-
tons, que nous croyons éprouver et qu'il est possible
de définir. Ils me paraissaient et me paraissent
encore constituer la source secrète de notre existence.

Comme, tandis que nous accomplissons ces
mouvements, aucun mot — pas même les mots
du monologue intérieur — ne les exprime, car
ils se développent en nous et s'évanouissent avec
une rapidité extrême, sans que nous percevions
clairement ce qu'ils sont, produisant en nous des
sensations souvent très intenses, mais brèves,

il n'était possible de les communiquer au lecteur
que par des images qui en donnent des équivalents
et lui fassent éprouver des sensations analogues.
Il fallait aussi décomposer ces mouvements et
les faire se déployer dans la conscience du lecteur
à la manière d'un film au ralenti. Le temps
n'était plus celui de la vie réelle, mais celui d'un
présent démesurément agrandi.

Leur déploiement constitue de véritables drames
qui se dissimulent derrière les conversations
les plus banales, les gestes les plus quotidiens.
Ils débouchent à tout moment sur ces apparences
qui à la fois les masquent et les révèlent.

Les drames constitués par ces actions encore
inconnues m'intéressaient en eux-mêmes. Rien
ne pouvait en distraire mon attention. Rien ne
devait en distraire celle du lecteur : ni caractères
des personnages, ni intrigue romanesque à la
faveur de laquelle, d'ordinaire, ces caractères se
développent, ni sentiments connus et nommés.
A ces mouvements qui existent chez tout le monde
et peuvent à tout moment se déployer chez n'importe
qui, des personnages anonymes, à peine visibles,
devaient servir de simple support.

Mon premier livre contenait en germe tout ce
que, dans mes ouvrages suivants, je n'ai cessé
de développer. Les tropismes ont continué à
être la substance vivante de tous mes livres.
Seulement ils se sont déployés davantage : l'action

dramatique qu'ils constituent s'est allongée, et aussi s'est compliqué ce jeu constant entre eux et ces apparences, ces lieux communs sur lesquels ils débouchent au-dehors : nos conversations, le caractère que nous paraissons avoir, ces person-nages que nous sommes les uns aux yeux des autres, les sentiments convenus que nous croyons éprouver et ceux que nous décelons chez autrui, et cette action dramatique superficielle, constituée par l'intrigue, qui n'est qu'une grille conven-tionnelle que nous appliquons sur la vie.

Mes premiers livres : Tropismes, *paru en 1939,* Portrait d'un inconnu, *paru en 1948, n'ont éveillé à peu près aucun intérêt. Ils sem-blaient aller à contre-courant.*

J'ai été amenée ainsi à réfléchir — ne serait-ce que pour me justifier ou me rassurer ou m'encou-rager — aux raisons qui m'ont poussée à certains refus, qui m'ont imposé certaines techniques, à examiner certaines œuvres du passé, du présent, à pressentir celles de l'avenir, pour découvrir à travers elles un mouvement irréversible de la littérature et voir si mes tentatives s'inscrivaient dans ce mouvement.

C'est ainsi que j'ai été conduite, en 1947, un an après avoir terminé Portrait d'un inconnu, *à étudier sous un certain jour l'œuvre de Dos-toïevski et de Kafka. On opposait une littérature métaphysique, celle de Kafka, à une littérature*

qu'on qualifiait avec dédain de « psychologique ».
C'est pour réagir contre cette discrimination
simpliste que j'ai écrit mon premier essai :
De Dostoïevski à Kafka.

On commence maintenant à comprendre qu'il
ne faut pas confondre sous la même étiquette la
vieille analyse des sentiments, cette étape nécessaire, mais dépassée, avec la mise en mouvement
de forces psychiques inconnues et toujours à
découvrir dont aucun roman moderne ne peut se
passer.

Quand j'écrivais le second essai : L'ère du
soupçon, on n'entendait guère parler de romans
« traditionnels » ou de « recherches ». Ces termes,
employés à propos du roman, avaient un air
prétentieux et suspect. Les critiques continuaient
à juger les romans comme si rien n'avait bougé
depuis Balzac. Feignaient-ils d'ignorer ou avaient-
ils oublié tous les changements profonds qui
s'étaient produits dans cet art dès le début du
siècle ?

Depuis l'époque où j'ai écrit cet article, il n'est
question que de recherches et de techniques. L'anonymat du personnage, qui était pour moi une
nécessité que je m'efforçais de défendre, semble
être aujourd'hui de règle pour tous les jeunes
romanciers. Je pense que l'intérêt principal
de cet article, paru en 1950, vient de ce qu'il a
marqué le moment à partir duquel une nouvelle

manière de concevoir le roman devait enfin s'imposer.

Lorsque a paru l'essai Conversation et sous-conversation, *Virginia Woolf était oubliée ou négligée, Proust et Joyce méconnus en tant que précurseurs ouvrant la voie au roman actuel. J'ai voulu montrer comment l'évolution du roman, depuis les bouleversements que ces auteurs lui avaient fait subir dans le premier quart de ce siècle, rendait nécessaire une révision du contenu et des formes du roman et notamment du dialogue.*

Aujourd'hui les romanciers traditionnels eux-mêmes, qui paraissaient si bien se contenter des formes les plus périmées du dialogue, commencent à avouer que le dialogue leur « pose des problèmes ». On ne voit guère de jeune romancier qui ne s'efforce de les résoudre.

Le dernier essai, intitulé Ce que voient les oiseaux, *oppose un réalisme neuf et sincère à la littérature néo-classique, comme à la littérature prétendument réaliste ou engagée qui ne montre plus que des apparences et qui mérite, elle, d'être considérée comme un formalisme.*

Est-il besoin d'ajouter que la plupart des idées exprimées dans ces articles constituent certaines bases essentielles de ce qu'on nomme aujourd'hui le « Nouveau Roman ».

Nathalie Sarraute.

De Dostoïevski à Kafka

Le roman, entend-on couramment répéter, se sépare actuellement en deux genres
bien distincts : le roman psychologique et
le roman de situation. D'un côté, ceux de
Dostoïevski, de l'autre, ceux de Kafka. A
en croire M. Roger Grenier [1], le fait divers
lui-même, illustrant le paradoxe fameux
d'Oscar Wilde, se répartit entre ces deux
genres. Mais, dans la vie comme dans la
littérature, ceux de Dostoïevski, paraît-il,
se font rares. « Le génie de notre époque,
constate M. Grenier, souffle en faveur de
Kafka... Même en U. R. S. S., on ne voit

1. ROGER GRENIER, *Utilité du fait divers*, T. M.
nº 17, p. 95.

plus comparaître en Cour d'Assises de personnages dostoïevskiens. » C'est à « l'*homo
absurdus*, habitant sans vie d'un siècle
dont le prophète est Kakfa » qu'on a, dit-il,
aujourd'hui affaire.

Cette crise de ce qu'on nomme avec une
certaine ironie, en le plaçant entre guillemets comme entre des pincettes, « le psychologique », née, semble-t-il, de la condition de l'homme moderne, écrasé par une
civilisation mécanique, « réduit, selon le
mot de Mme Cl. Edm. Magny, au triple
déterminisme de la faim, de la sexualité, de
la classe sociale : Freud, Marx et Pavlov »,
semble avoir marqué cependant, pour les
écrivains comme pour les lecteurs, une ère
de sécurité et d'espoir.

Le temps était bien passé où Proust avait
pu oser croire qu' « en poussant son impression aussi loin que le permettrait son pouvoir de pénétration » (il pourrait) « essayer
d'aller jusqu'à ce fond extrême où gît la
vérité, l'univers réel, notre impression au-

thentique ». Chacun savait bien maintenant, instruit par des déceptions succes-
sives, qu'il n'y avait pas d'extrême fond.
« Notre impression authentique » s'était
révélée comme étant à fonds multiples ;
et ces fonds s'étageaient à l'infini.

Celui que l'analyse de Proust avait dé-
voilé n'était déjà plus qu'une surface. Une
surface, à son tour, cet autre fond que le
monologue intérieur, sur lequel on avait
pu baser de si légitimes espoirs, avait réussi
à mettre au jour. Et le bond immense accompli par la psychanalyse, brûlant les
étapes et traversant d'un seul coup plu-
sieurs fonds, avait démontré l'inefficacité
de l'introspection classique et fait douter
de la valeur absolue de tout procédé de recherche.

L'*homo absurdus* fut donc la colombe de
l'arche, le messager de la délivrance.

On pouvait enfin sans remords abandonner les tentatives stériles, les pataugeage
épuisants et les énervants coupages de che-

veux en quatre ; l'homme moderne, corps
sans âme ballotté par des forces hostiles,
n'était rien d'autre en définitive que ce qu'il
apparaissait au-dehors. La torpeur inex-
pressive, l'immobilité qu'un regard superficiel pouvait observer sur son visage, quand
il s'abandonnait à lui-même, ne cachait
pas de mouvements intérieurs. Ce « tumulte au silence pareil », que les amateurs
du psychologique avaient cru percevoir
dans son âme, n'était, après tout, que silence.

Sa conscience n'était faite que d'une
trame légère « d'opinions convenues, reçues
telles quelles du groupe auquel il appartient », et ces clichés eux-mêmes recou-
vraient « un néant profond », une quasi
totale « absence de soi-même ». Le « for
intérieur », « l'ineffable intimité avec soi »
n'avait été qu'un miroir à alouettes. « Le
psychologique », source de tant de déceptions et de peines, n'existait pas.

Cette constatation apaisante apportait

avec elle ce sentiment délicieux de vigueur
renouvelée et d'optimisme qu'amènent
d'ordinaire les liquidations et les renon-
cements.

On pouvait regrouper ses forces et, oubliant les déboires passés, repartir « sur de
nouvelles bases ». Des voies plus accessi-
sibles et plus riantes semblaient s'ouvrir
de toutes parts. Le cinéma, art plein de promesses, allait faire profiter de ses techniques
toutes neuves le roman auquel tant d'efforts infructueux avaient fait retrouver une
juvénile et touchante modestie. La saine
simplicité du jeune roman américain, sa
vigueur un peu rude redonneraient, par
l'effet d'une contagion bienfaisante, un peu
de vitalité et de sève à notre roman, débi-
lité par l'abus de l'analyse et menacé de
desséchement sénile. L'objet littéraire pourrait retrouver les contours pleins, l'aspect
fini, lisse et dur, des belles œuvres classiques. L'élément « poétique » et purement
descriptif où le romancier ne voyait trop

souvent qu'un vain ornement, qu'il ne
laissait passer qu'avec parcimonie, après
un minutieux filtrage, perdrait son rôle
humiliant d'auxiliaire, exclusivement soumis aux exigences du psychologique, et
s'épanouirait un peu partout, sans con-
trainte. Du même coup, le style, pour la
plus grande satisfaction de ces « gens de
goût » qui inspiraient à Proust tant d'ap-
préhension craintive, retrouverait ce galbe
pur, cette élégante sobriété, si difficilement
compatibles avec les contorsions, les pié-
tinements, les subtilités alambiquées ou
les lourdeurs embourbées du psychologique.

Et, tout près de nous, Kafka, dont le mes-
sage se combinait de si heureuse façon
avec celui des Américains, montrait quelles
régions encore inexplorées pourraient s'ouvrir à l'écrivain, débarrassé enfin de cette
triste myopie qui le forçait à examiner
de tout près chaque objet et l'empêchait
de voir plus loin que le bout de son nez.

Enfin ceux que retenaient encore, malgré toutes ces assurances et ces promesses, certains scrupules, et qui continuaient à tendre une oreille inquiète pour bien s'assurer que derrière l'épaisseur du silence ne subsistait pas quelque écho de l'ancien tumulte, pouvaient être pleinement rassurés.

Cette parcelle de l'univers que le roman nouveau se bornait prudemment à circonscrire, à la différence de la matière informe et molle qui cède et se défait sous les coups de scalpel de l'analyse, formait un tout compact et dur, absolument indécomposable. Sa dureté même et son opacité préservaient sa complexité et sa densité intérieures et lui donnaient une force de pénétration qui lui permettait d'atteindre non les régions superficielles et arides de l'intellect du lecteur, mais ces régions infiniment fécondes, « distraites et sans défense de l'âme sensitive ». Elle y provoquait un choc mystérieux et salutaire, une sorte de commotion émotive qui permettait d'appréhender d'un seul coup

et comme dans un éclair l'objet tout entier
avec toutes ses nuances, ses complexités
possibles et même — si, par hasard, il
s'en trouvait — ses abîmes. Il n'y avait
donc rien à perdre et, semblait-il, tout à
gagner.

Quand parut *l'Étranger* d'Albert Camus,
on put croire à bon droit qu'il comblerait
tous les espoirs : comme toute œuvre de
réelle valeur, il tombait à point nommé ;
il répondait à notre attente ; il cristalli-
sait les velléités en suspens. Nous n'avions
désormais plus rien à envier à personne.
Nous avions, nous aussi, notre *homo absurdus*. Et il avait sur les héros de Dos
Passos ou de Steinbeck eux-mêmes cet
incontestable avantage d'être dépeint non,
comme eux, à distance et du dehors, mais
du dedans, par le procédé classique de l'introspection cher aux amateurs du psychologique : c'était de tout près, et, pour ainsi
dire, installés aux premières loges, que nous
pouvions constater son néant intérieur.

« Cet Étranger est, en effet, comme l'écrivait Maurice Blanchot [1], par rapport à lui-même comme si un autre le voyait et parlait de lui... Il est tout à fait en dehors. Il est d'autant plus soi qu'il semble moins penser, moins sentir, être d'autant moins intime avec soi. L'image même de la réalité humaine lorsqu'on la dépouille de toutes les conventions psychologiques, lorsqu'on prétend la saisir par une description faite uniquement du dehors, privée de toutes les fausses explications subjectives... » Et Mme Cl. Edm. Magny [2] : « Camus veut nous faire apparaître le néant intérieur de son héros, et, à travers lui, notre propre néant... Meursault est l'homme dépouillé de tous les vêtements de confection dont la société habille le vide normal de son être, sa conscience... Les sentiments, les réactions psychologiques qu'il cherche

1. MAURICE BLANCHOT, *Faux Pas*, p. 257 et 259.
2. CL. EDM. MAGNY, *Roman américain et Cinéma.* *Poésie 45*, n° 24, p. 69.

à atteindre en lui (tristesse durant la
mort de sa mère, amour pour Maria, regret
du meurtre de l'Arabe), il ne les y trouve
pas : il ne trouve que la vision absolument
semblable à celle que peuvent avoir les
autres de ses propres comportements. »

Et, en effet, au cours de cette scène de
l'enterrement de sa mère, s'il lui arrive de
trouver en lui-même quelques-uns de ces
sentiments qu'était parvenue à découvrir,
non sans un certain émoi craintif, la classique analyse, quelques-unes de ces pen-
sées fugitives, « ombreuses et timides »,
qu'elle avait décelées (parmi tant d'autres)
« glissant avec la rapidité furtive des pois-
sons » — tel le plaisir que lui procure une
belle matinée passée à la campagne, le
regret de la promenade que cet enterrement lui fait manquer ou le souvenir de
ce qu'habituellement il faisait à cette
heure matinale, — par contre, tout ce qui
a trait, de près ou de loin, à sa mère, et
non seulement le banal chagrin (il aurait

pu, sans trop nous surprendre, éprouver, comme une des héroïnes de Virginia Woolf, un sentiment de délivrance et de satis- faction), mais tout sentiment ou pensée quelconque semble avoir été, comme par un coup de baguette magique, radicale- ment supprimé. Dans cette conscience si bien nettoyée et parée, pas la moindre bribe de souvenir se rattachant à des im- pressions d'enfance, pas l'ombre la plus légère de ces sentiments de confection que sentent glisser en eux ceux mêmes qui se croient le mieux gardés contre les émotions conventionnelles et les réminiscences lit- téraires.

On songerait presque, tant semble pro- fond cet état d'anesthésie, à ces malades de Janet qui souffrent de ce qu'il a nommé « les sentiments du vide » et qui vont ré- pétant : « Tous mes sentiments ont dis- paru... Ma tête est vide... Mon cœur est vide... les personnes comme les choses, tout m'est indifférent... Je peux faire tous

les actes, mais en les faisant je n'ai plus
ni joie ni peine... Rien ne me tente, rien
ne me dégoûte... Je suis une statue vivante, qu'il m'arrive n'importe quoi, il
m'est impossible d'avoir pour rien une
sensation ou un sentiment... »

Rien de commun, pourtant, malgré ces
similitudes de langage, entre le héros d'Albert Camus et les malades de Janet. Ce
Meursault qui se montre, sur certains
points, si insensible, si fruste et comme un
peu hébété, révèle par ailleurs un raffine-
ment du goût, une délicatesse exquise. Le
style même dans lequel il s'exprime fait de
lui, bien plutôt que l'émule du héros mugis-
sant de Steinbeck, l'héritier de la Princesse
de Clèves et d'Adolphe. Il est, comme dirait l'abbé Bremond, « tout semé de roses
d'hiver ». Cet Étranger a l'acuité vigou-
reuse du trait, la richesse de palette d'un
grand peintre : « Elle a incliné sans un sourire son visage osseux et long »... « J'étais un
peu perdu entre le ciel bleu et blanc et la

monotonie de ces couleurs, noir gluant du
goudron ouvert, noir terne des habits, noir
laqué de la voiture »... Il note avec la tendresse d'un poète les jeux délicats de lumière et d'ombre et les nuances changeantes
du ciel. Il se souvient du « soleil débordant
qui faisait tressaillir le paysage » et « d'une
odeur de nuit et de fleurs ». Il entend une
« plainte... montée lentement, comme une
fleur née du silence ». Un goût sans dé-
faillance guide le choix de ses épithètes.
Il nous parle d' « un cap *somnolent* », d' « un
souffle *obscur* ».

Mais il y a plus troublant encore. Si l'on
en juge par les détails qui retiennent son
attention — tel l'épisode de la maniaque
ou celui, surtout, du vieux Salamano
qui hait et martyrise son chien et l'aime
en même temps d'une profonde et émou-
vante tendresse — il ne déteste pas, avec
prudence, certes, et retenue, côtoyer aussi
les abîmes. Malgré « l'ingénuité », « l'inconscience » avec laquelle il révèle, comme dit

Maurice Blanchot, que « le vrai, le constant
mode de l'homme, c'est un : je ne pense
pas, je n'ai rien à penser », il est infiniment
plus averti qu'on ne croit. Telle remarque
qu'il laisse échapper, comme : « Tous les
êtres sains (ont) plus ou moins souhaité la
mort de ceux qu'ils aimaient », montre
bien qu'il lui est arrivé, et plus souvent
sans doute qu'à quiconque, de pousser vers
des zones interdites et dangereuses quelques pointes assez avancées.

De ces contradictions si apparentes provient probablement le sentiment de malaise dont on ne peut se défaire tout au
long de ce livre. A la fin seulement, quand,
incapable de se contenir davantage, le héros d'Albert Camus sent que « quelque
chose... a crevé en (lui) » et « déverse... tout
le fond de (son) cœur », nous nous sentons,
avec lui, délivrés : « ... J'avais l'air d'avoir
les mains vides. Mais j'étais sûr de moi,
sûr de tout... sûr de ma vie et de cette
mort qui allait venir... J'avais eu raison,

j'avais encore raison, j'avais toujours raison... Que m'importaient la mort des
autres, l'amour d'une mère, que m'importaient... les vies qu'on choisit, les destins
qu'on élit, puisqu'un seul destin devait
m'élire moi-même et avec moi des milliards
de privilégiés... Tout le monde était privi-
légié... Il n'y avait que des privilégiés...
Les autres aussi on les condamnerait un
jour. »

Enfin! Nous y voilà donc. Ce dont nous
nous étions timidement doutés se trouve
d'un seul coup confirmé. Ce jeune employé,
si simple et si rude, dans lequel on nous in-
vitait à reconnaître l'homme nouveau que
nous attendions, s'en trouvait, en réalité,
aux antipodes. Son attitude, qui avait pu
rappeler, par moments, le négativisme têtu
d'un enfant boudeur, était un parti pris
résolu et hautain, un refus désespéré et lucide, un exemple et peut-être une leçon.
La frénésie volontaire, propre aux véritables intellectuels, avec laquelle il cultive

la sensation pure, son égoïsme très conscient, fruit de quelque tragique expérience
dont il a rapporté, grâce à cette sensibilité
exceptionnelle qui est la sienne, un sentiment aigu et constant du néant (ne nous
avait-il pas laissé entendre qu'autrefois,
« quand (il était) étudiant, (il avait) beaucoup d'ambition... » mais que, « quand
(il a) dû abandonner (ses) études, (il a)
très vite compris que tout cela était sans
importance réelle »), rapprochent l'Étranger de l'Immoraliste de Gide.

Ainsi, par la vertu de l'analyse, de ces
explications psychologiques qu'Albert Camus avait pris, jusqu'au dernier moment,
tant de soin d'éviter, les contradictions
et les invraisemblances de son livre s'ex-
pliquent et l'émotion à laquelle nous nous
abandonnons enfin sans réserve se trouve
justifiée.

La situation où s'est trouvé Albert Camus rappelle assez celle du roi Lear re-
cueilli par la moins avantagée de ses filles.

C'est à ce « psychologique », qu'il avait, par un minutieux sarclage, cherché à extirper et qui a repoussé de toutes parts comme l'ivraie, qu'il doit finalement son salut.

Mais, si apaisés que nous soyons en refermant son livre, nous ne pouvons nous empêcher de conserver contre l'auteur un certain ressentiment : nous lui en voulons de nous avoir trop longtemps égarés. La façon dont il se comporte à l'égard de son héros nous fait un peu trop penser à ces mères qui s'obstinent à vêtir leurs filles robustes et déjà adultes de jupes trop courtes. Dans cette lutte inégale, le psychologique, comme la nature, a repris le dessus.

Mais peut-être Albert Camus a-t-il cherché, au contraire, à nous démontrer par une gageure l'impossibilité, sous nos climats, de se passer de psychologie. Si tel était son propos, il a pleinement réussi.

Mais alors, dira-t-on, et Kafka ? Qui pourrait soutenir que son *homo absurdus*, à lui

aussi, n'a été qu'un mirage? Aucune attitude volontaire chez lui, aucun souci didactique, aucun parti pris. Il n'a pas besoin
de se livrer à d'impossibles travaux de sarclage : sur les terres dénudées où il nous
entraîne, pas le moindre brin d'herbe ne
peut pousser.

Pourtant rien n'est plus arbitraire que
de l'opposer, ainsi qu'on le fait souvent
aujourd'hui, à celui qui a été sinon son
maître, du moins son précurseur, comme il
a été — qu'ils le sachent ou non — le
précurseur de presque tous les écrivains
européens de notre temps.

Sur ces terres immenses dont Dostoïevski a ouvert l'accès, Kafka a tracé une voie,
une seule voie étroite et longue, il a poussé
dans une seule direction et il est allé jusqu'au bout. Pour nous en assurer, il nous
faut, surmontant nos répugnances, revenir un instant en arrière et plonger au plus
épais du tumulte. Dans la cellule du vénérable père Zossime, en présence d'une nom-

breuse assistance, le vieux Karamazov
entre en scène et se présente : « Vous voyez
devant vous un bouffon, un bouffon, en
vérité ! C'est ainsi que je me recommande...
une vieille habitude, hélas ! » et il se contorsionne, il grimace, une sorte de danse de
Saint-Guy disloque tous ses mouvements,
il s'exhibe dans des poses grotesques, il
décrit avec une féroce et âcre lucidité comment il s'est mis dans des situations humi-
liantes, il emploie, en parlant, ces diminutifs à la fois humbles et agressifs, ces petits
mots sucrés et corrosifs, chers à tant de
personnages de Dostoïevski, il ment effron-
tément et, pris en flagrant délit, il retombe
aussitôt sur ses pieds... on ne peut jamais
le prendre au dépourvu, il se connaît :
« je le savais, figurez-vous, et même, savez-
vous, je l'ai pressenti aussitôt que je me
suis mis à parler et même j'ai pressenti
(car il a d'étranges divinations) que c'est
vous le premier qui me le feriez remarquer »,
il s'abaisse encore davantage comme s'il

savait qu'ainsi il abaisse les autres avec
lui, les avilit, il ricane, il se confesse :
« c'est tout de suite, juste à l'instant, tout
en racontant, que j'ai tout inventé...
c'était pour faire plus piquant », car, pareil à un malade sans cesse occupé à guetter en lui-même les symptômes de son mal,
le regard tourné vers lui-même, il se scrute,
il s'épie : c'est pour les amadouer, pour se
les concilier, c'est pour les désarmer qu'il
se démène ainsi, « c'est pour être plus ai-
mable que je grimace, et d'ailleurs, parfois,
je ne sais pas moi-même pourquoi ». Il
fait penser, tandis qu'il tourne sur lui-
même, à ces clowns qui, tout en pirouet-
tant, dépouillent l'un après l'autre tous
leurs vêtements : « d'ailleurs, je ne dis pas,
il y a peut-être aussi un malin esprit en
moi » et de nouveau il rampe : « du reste
de petit format, s'il était plus important,
il aurait élu un autre logis », et aussitôt
il se redresse et mord : « pas le vôtre, vous
aussi vous êtes un piètre logis. » Le Staretz

essaie de poser sur lui une main apaisante...
« Je vous prie instamment de ne pas vous
inquiéter, de ne pas vous gêner... soyez
tout à fait comme chez vous... Et surtout
(car il scrute, lui aussi, sans une ombre
d'indignation ou de dégoût, la matière
trouble qui bouillonne et déborde) et surtout, n'ayez pas si honte de vous-même car
c'est de là seulement que tout provient. »
— « Tout à fait comme chez moi, vraiment ? c'est-à-dire au naturel ? Oh, c'est
trop, c'est beaucoup trop, je n'irai pas
moi-même jusque-là », il lance une plai-
santerie obscène de collégien et aussitôt
redevient sérieux : le Staretz l'a bien
compris, c'est pour se conformer à l'idée
qu'ils se font de lui, pour renchérir encore sur eux qu'il se contorsionne, « parce
qu'il me semble, quand je vais vers les
gens... que tout le monde me prend pour
un bouffon. Alors je me dis : faisons le
bouffon... car tous, jusqu'au dernier, vous
êtes plus vils que moi, voilà pourquoi je

suis un bouffon... c'est par honte, éminent
Père ; par honte... » L'instant d'après il
s'agenouille et « il est difficile, même alors,
de savoir s'il plaisante ou s'il est ému :
« Maître, que faire pour gagner la vie éter-
nelle ? » Le Staretz se rapproche un peu
plus : « Surtout ne vous mentez pas à vous-
même... celui qui se ment à soi-même...
est le premier à s'offenser... il sait que personne ne l'a offensé... et pourtant il s'offense
jusqu'à en éprouver de la satisfaction, une
grande jouissance... » En connaisseur averti,
le vieux Karamazov apprécie : « Justement,
justement, je me suis senti offensé toute
ma vie jusqu'à la jouissance, pour l'esthé-
tique, parce que ce n'est pas seulement
agréable, mais c'est beau, parfois, d'être
offensé... vous avez oublié cela, vénérable
père : c'est beau ! »... Il bondit, il pirouette
une fois de plus sur lui-même et rejette un
nouveau costume d'arlequin : « Vous croyez
que je mens toujours ainsi et que je fais
le bouffon ? Sachez que c'est exprès, pour

vous éprouver, que j'ai joué cette comédie.
Je vous tâtais... y a-t-il une place pour mon
humilité, auprès de votre orgueil ?... »

Comment, tandis que nous émergeons
de ce tourbillon, ne pas admirer le crédit
que les partisans de la méthode qui consiste à se contenter prudemment de con-
tourner l'objet du dehors, doivent accorder
au lecteur (lui concédant ainsi ce que, par
une curieuse contradiction, ils refusent à
leurs personnages) pour imaginer qu'il
peut lui être possible de percevoir, par
une sorte d'intuition magique, même après
la lecture d'un long roman, ne serait-ce
qu'une partie de ce que les six pages que
nous venons de très grossièrement résu-
mer, lui ont révélé.

Toutes ces contorsions bizarres — et l'on
s'en voudrait de le faire remarquer, s'il ne
se trouvait encore aujourd'hui des gens qui,
comme M. Léautaud, se permettent de parler sérieusement de « l'aliéné Dostoïevski »
— tous ces bonds désordonnés et ces gri-

maces, avec une précision rigoureuse, sans
complaisance ni coquetterie, traduisent au-
dehors, telle l'aiguille du galvanomètre qui
retrace en les amplifiant les plus infimes
variations d'un courant, ces mouvements
subtils, à peine perceptibles, fugitifs, contradictoires, évanescents, de faibles trem-
blements, des ébauches d'appels timides
et de reculs, des ombres légères qui glissent,
et dont le jeu incessant constitue la trame
invisible de tous les rapports humains et
la substance même de notre vie.

Sans doute, les procédés employés par
Dostoïevski pour traduire ces mouvements
sous-jacents, étaient-ils des procédés de
primitif. S'il avait vécu à notre époque,
sans doute les instruments plus délicats
d'investigation dont disposent les techniques modernes lui eussent-ils permis d'appréhender ces mouvements à leur naissance
et d'éviter toutes ces invraisemblables ges-
ticulations. Mais, à se servir de nos techniques, peut-être eût-il plus perdu que

gagné. Elles l'eussent incliné à plus de réalisme et à une plus étroite minutie, mais il eût perdu l'originalité et la hardiesse ingénue du trait et abandonné un peu de son pouvoir poétique d'évocation et de sa puissance tragique.

Et, disons-le tout de suite, ce que révèlent ces soubresauts, ces virevoltes et ces pirouettes, ces divinations et ces confessions, n'a absolument rien à voir avec ce décevant et abstrait exposé de motifs auquel on reproche aujourd'hui d'aboutir à nos procédés d'analyse. Ces mouvements sous-jacents, ce tourbillonnement incessant, semblable au mouvement des atomes, que toutes ces grimaces mettent au jour, ne sont eux-mêmes rien d'autre que de l'action et ne diffèrent que par leur délicatesse, leur complexité, leur nature — pour employer un mot cher à Dostoïevski — « souterraine », des grosses actions de premier plan que nous montre un roman de Dos Passos ou un film.

Ces mouvements, on les retrouve, à des degrés d'intensité divers, avec des variantes infinies, chez tous les personnages de Dostoïevski : chez le héros des *Mémoires écrits dans un souterrain*, chez Hippolyte ou Lebedieff, chez Grouchenka ou Rogojine, et surtout, plus précis, plus compliqués, plus délicats et plus amples qu'ailleurs, chez l'Éternel mari. Ce sont, chez lui, on s'en souvient, les mêmes bonds furtifs, les mêmes passes savantes, les mêmes feintes, les mêmes fausses ruptures, les mêmes tentatives de rapprochement, les mêmes extraordinaires pressentiments, les mêmes provocations, le même jeu subtil, mystérieux, où la haine se mêle à la tendresse, la révolte et la fureur à une docilité d'enfant, l'abjection à la plus authentique fierté, la ruse à l'ingénuité, l'extrême délicatesse à l'extrême grossièreté, la familiarité à la déférence ; il taquine, excite, attaque, il rampe et guette, il fuit quand on le cherche, il s'installe quand on le chasse, il essaie d'at-

tendrir et aussitôt il mord, il pleure et
révèle son amour, il se dévoue, se sacrifie,
et se penche quelques instants après, le
rasoir à la main, pour tuer ; il parle le
même langage doucereux, un peu moqueur
et obséquieux, semé de diminutifs ram-
pants et agressifs, de mots prolongés ser-
vilement par ces suffixes sifflants qui, dans
la langue russe du temps, marquaient une
sorte de déférence âcre et sucrée, et, par
moments, il se redresse gravement de toute
sa taille d'homme, il domine, gratifie, par-
donne généreusement, écrase.

On pourrait, tant ces attitudes se ré-
pètent à travers mille situations diverses,
dans toute l'œuvre de Dostoïevski, lui
reprocher presque une certaine monotonie.
On a l'impression, par moments, de se trouver en présence d'une véritable obsession,
d'une idée fixe.

« Tous ses personnages, écrit Gide[1], sont

1. ANDRÉ GIDE, *Dostoïevski*, p. 145.

taillés dans la même étoffe. L'orgueil et
l'humilité restent les secrets ressorts de
leurs actes, encore qu'en raison des dosages
divers, les réactions en soient diaprées. »
Mais il semble que l'humilité et l'orgueil
ne sont, à leur tour, que des modalités,
des diaprures. Derrière eux, il y a un autre
ressort plus secret encore, un mouvement
dont l'orgueil et l'humilité ne sont que des
répercussions. C'est sans doute à ce mouvement initial, qui donne l'impulsion à
tous les autres, à ce lieu où toutes les lignes
de force qui parcourent l'immense masse
tumultueuse convergent, que Dostoïevski
faisait allusion quand il parlait de ce « fond »,
« mon éternel fond », d'où il tirait, disait-il,
« la matière de chacun de ses ouvrages, bien
que la forme en soit différente ». Ce lieu
de rencontre, ce « fond », il est assez difficile de le définir. Peut-être pourrait-on
en donner une idée en disant qu'il n'est
pas autre chose, en définitive, que ce que
Katherine Mansfield nommait avec une

sorte de crainte et peut-être un léger dégoût : « this terrible desire to establish
contact ».

C'est ce besoin continuel et presque maniaque de contact, d'une impossible et apaisante étreinte, qui tire tous ces personnages comme un vertige, les incite à tout
moment à essayer par n'importe quel
moyen de se frayer un chemin jusqu'à
autrui, de pénétrer en lui le plus loin possible, de lui faire perdre son inquiétante,
son insupportable opacité, et les pousse
à s'ouvrir à lui à leur tour, à lui révéler
leurs plus secrets replis. Leurs dissimu-
lations passagères, leurs bonds furtifs,
leurs cachotteries, leurs contradictions, et
ces inconséquences dans leur conduite,
que parfois ils semblent multiplier à plaisir et faire miroiter aux yeux d'autrui,
ne sont chez eux que des coquetteries,
des agaceries pour piquer sa curiosité et
l'obliger à se rapprocher. Leur humilité
n'est qu'un appel timide, détourné, une

manière de se montrer tout proche, accessible, désarmé, ouvert, offert, tout livré,
tout abandonné à la compréhension, à la
générosité d'autrui : toutes les barrières
que dressent la dignité, la vanité, sont
abattues, chacun peut s'approcher, entrer
sans crainte, l'accès est libre. Et leurs
brusques sursauts d'orgueil ne sont que
des tentatives douloureuses, devant l'into-
lérable refus, la fin de non-recevoir opposée à leur appel, quand leur élan a été brisé,
quand la voie qu'avait cherché à emprun-
ter leur humilité se trouve barrée, pour
faire rapidement machine arrière et parvenir, en empruntant une autre voie d'accès,
par la haine, par le mépris, par la souffrance
infligée, ou par quelque action d'éclat,
quelque geste plein d'audace et de générosité, qui surprend et confond, à rétablir
le contact, à reprendre possession d'autrui.

De cette impossibilité de se poser solidement à l'écart, à distance, de se tenir

« sur son quant à soi », dans un état d'opposition ou même de simple indifférence, provient leur malléabilité étrange, cette singulière docilité avec laquelle, à chaque instant, comme pour amadouer les autres, pour se les concilier, ils se modèlent sur l'image d'eux-mêmes que les autres leur renvoient. De là aussi cette impulsion qui pousse à tout moment ceux qui se sentent avilis à s'avilir davantage encore et à forcer les autres à se vautrer avec eux dans le même avilissement. Si, comme le remarque André Gide[1], « ils ne savent pas, ils ne peuvent pas devenir jaloux », s'ils « ne connaissent de la jalousie que la souffrance », c'est que la rivalité que suppose la jalousie produit justement cet insupportable antagonisme, cette rupture qu'ils veulent éviter à tout prix ; aussi cette rivalité est-elle chez eux à chaque instant détruite, submergée par une curieuse ten-

1. *Id.*, p. 185.

dresse, ou par ce sentiment très particulier qu'on peut à peine appeler de la haine,
qui n'est chez eux qu'une manière de se
rapprocher de son rival, de l'atteindre, de
l'étreindre à travers l'objet aimé.

Cette fin de non-recevoir, « ce sage ne-
pas-comprendre » dont parlait Rilke et
dont il disait qu'il est « accepter d'être seul,
(alors) que lutte et mépris sont des façons
de prendre part aux choses », ce ne-pas-
comprendre chez eux ne se rencontre
presque jamais. Immanquablement le contact s'établit. L'appel est toujours entendu.
La réponse vient à tout coup, qu'elle soit
élan de tendresse et de pardon ou bien
lutte et mépris.

Car, si pour certains privilégiés, comme
Aliocha, le père Zossime ou l'Idiot, les
voies qui conduisent à autrui sont les voies
royales, larges et droites, de l'amour, d'autres, moins heureux, ne trouvent devant
eux que des chemins boueux et tortueux,
certains ne savent marcher qu'à reculons,

en butant sur mille obstacles, mais tous
vont au même but.

Chacun répond, chacun comprend. Chacun sait qu'il n'est qu'un assemblage for-
tuit, plus ou moins heureux, d'éléments
provenant d'un même fond commun, que
tous les autres recèlent en eux ses propres
possibilités, ses propres velléités ; de là
vient que chacun juge les actions des
autres comme il juge les siennes propres, de
tout près, du dedans, avec toutes leurs innombrables nuances et leurs contradictions
qui empêchent les classifications, les éti-
quetages grossiers ; de là vient que personne ne peut jamais avoir de la conduite
d'autrui cette vision panoramique qui seule
permet la rancune ou le blâme ; de là
cette curiosité inquiète avec laquelle chacun scrute sans cesse l'âme d'autrui ; de
là ces surprenantes divinations, ces pressentiments, cette lucidité, ce don surnaturel
de pénétration, qui ne sont pas seulement
le privilège de ceux qu'éclaire l'amour

chrétien, mais de tous ces personnages
louches, de ces parasites au langage sucré
et âcre, de ces larves qui fouillent sans cesse
et remuent les bas-fonds de l'âme et flairent
avec délices la boue nauséabonde.

Le crime même, l'assassinat qui est
comme l'ultime aboutissement de tous ces
mouvements, le fond du gouffre vers lequel à tout moment tous se penchent, pleins
de crainte et d'attrait, n'est chez eux qu'une
suprême étreinte et la seule définitive rupture. Mais même cette rupture suprême
peut encore être réparée grâce à la confes-
sion publique par laquelle le criminel verse
son crime dans le patrimoine commun.

En fait, dans toute l'œuvre de Dostoïevski, peut-être à une seule exception près,
la rupture définitive, l'irréparable séparation ne se produit jamais. Si parfois l'un
des deux partenaires se permet de faire
un trop grand écart, ose le prendre de loin,
de haut, comme fait Veltchaninov dans
l'Éternel mari, quand, « les jeux » étant finis

depuis longtemps, il est redevenu l'homme du monde satisfait qu'il avait été autrefois, avant que les jeux ne commencent, un bref rappel à l'ordre suffit (une main qui refuse de se tendre, trois mots : « Et Lise, alors ? ») pour qu'aussitôt le vernis mondain craquèle et tombe et que le contact soit rétabli.

Dans un seul de ses récits, — et c'est aussi le seul vraiment désespéré — les *Mémoires écrits dans un souterrain* qui se trouvent comme aux confins, à l'extrême pointe de toute l'œuvre, on se souvient comment, par l'impitoyable refus qu'opposent à l'homme du souterrain ses camarades, ces petits fonctionnaires bornés et plats, ce jeune officier dont le nom a pour racine le mot qui signifie « animal » ou « bête », ce Zverkov à la « stupide tête de bélier », aux manières élégantes, adroites et assurées, pleines de politesse distante, qui « l'examine en silence comme un insecte curieux », tandis qu'il se démène de-

vant eux, lance vers eux vainement ses
appels honteux, grotesques, la rupture s'ac-
complit.

Ce besoin continuel d'établir un contact
— trait de caractère primordial du peuple
russe auquel l'œuvre de Dostoïevski tient
si fortement par toutes ses racines — a
contribué à faire de la terre russe la terre
d'élection, la véritable terre noire du
psychologique.

Quoi de plus propre, en effet, que ces in-
terrogations passionnées et ces réponses,
que ces approches, ces reculs feints, ces
fuites et ces poursuites, ces agaceries et
ces frottements, ces chocs, ces caresses,
ces morsures, ces étreintes, quoi de plus
propre à chauffer, agiter, faire affleurer et
se répandre au-dehors l'immense masse
tremblotante dont le flux et le reflux inces-
sants, la vibration à peine perceptible est
la pulsation même de la vie ?

Sous la pression du tumulte, l'enveloppe
qui le contient s'amincit et se déchire. Il

se produit comme un déplacement, du dehors vers le dedans, du centre de gravité du personnage, déplacement que le roman moderne n'a cessé d'accentuer.

On a souvent noté l'impression irréelle — on dirait qu'ils sont tous vus par transparence — que nous font les héros de Dostoïevski, malgré les descriptions minutieuses auxquelles, pour satisfaire aux exigences de son époque, il se croyait obligé.

C'est que ses personnages tendent déjà à devenir ce que les personnages de roman seront de plus en plus, non point tant des « types » humains en chair et en os, comme ceux que nous croyons apercevoir autour de nous et dont le dénombrement infini semblait être le but essentiel du romancier, que de simples supports, des porteurs d'états parfois encore inexplorés que nous retrouvons en nous-mêmes.

Il se pourrait que le snobisme mondain de Proust, qui se répercute, avec un caractère d'obsession presque maniaque, dans

tous ses personnages, ne soit pas autre
chose qu'une variété de ce même besoin
obsédant de fusion, mais poussé et cultivé
sur un sol tout différent, dans la société
parisienne, formaliste et raffinée, du fau-
bourg Saint-Germain du début de ce siècle.
En tout cas, l'œuvre de Proust nous montre
déjà comment ces états (il faudrait dire
ces mouvements) complexes et subtils dont
il parvient, dans sa quête anxieuse, à capter, à travers tous ses héros, les infimes
diaprures, sont ce qui subsiste dans cette
œuvre de plus précieux et de plus solide,
alors que les enveloppes, peut-être un peu
trop épaisses, Swann, Odette, Oriane de
Guermantes ou les Verdurin, prennent déjà
le chemin de ce vaste musée Grévin où
sont relégués, tôt ou tard, les « types »
littéraires.

Mais, pour en revenir à Dostoïevski, ces
mouvements, sur lesquels toute son attention et celle de tous ses héros et celle du lecteur se concentre, puisés dans un fond com-

mun, et qui, telles des gouttelettes de mercure, tendent sans cesse, à travers les enveloppes qui les séparent, à se rejoindre et à se mêler dans la masse commune ; ces états baladeurs qui traversent toute son œuvre, passent d'un personnage à l'autre, se retrouvent chez tous, sont réfractés dans chacun suivant un indice différent, et nous présentent chaque fois une de leurs innombrables nuances encore inconnues, nous font pressentir quelque chose qui serait comme un nouvel unanimisme.

Entre cette œuvre, source toujours vive de recherches et de techniques nouvelles, lourde encore de tant de promesses, et celle de Kafka qu'on cherche aujourd'hui à lui opposer, le lien paraît évident. Si l'on envisageait la littérature comme une course de relais jamais interrompue, il semble bien que ce serait des mains de Dostoïevski, plus sûrement que de celles d'aucun autre, que Kafka aurait saisi le témoin.

Son K. dont le nom même se réduit à
une simple initiale, n'est, on s'en souvient,
que le plus mince des supports. Et le sentiment ou le faisceau de sentiments que
rassemble et retient l'enveloppe légère,
que sont-ils, sinon ce même désir passionné
et anxieux, d' « établir un contact » qui
traverse comme un fil conducteur toute
l'œuvre de Dostoïevski ? Mais, tandis que
la quête des personnages de Dostoïevski
les conduit, au sein du monde le plus fraternel qui soit, à rechercher une sorte d'in-
terpénétration, de fusion totale et toujours
possible des âmes, c'est vers un but à la
fois plus modeste et plus lointain que tendent tous les efforts des héros de Kafka.
Il s'agit pour eux de devenir seulement,
« aux yeux de ces gens qui les regardent
avec tant de méfiance... non pas peut-être
leur ami, mais enfin leur concitoyen »...
ou de pouvoir comparaître et se justifier
devant des accusateurs inconnus et inac-
cessibles, ou de chercher à sauvegarder,

malgré tous les obstacles, avec ceux mêmes qui leur sont le plus proches, quelques pauvres semblants de rapports.

Mais par son obstination désespérée, par la profondeur de la souffrance humaine, par la détresse et l'abandon total qu'elle révèle, cette humble recherche déborde le plan psychologique et peut se prêter à toutes les interprétations métaphysiques.

Cependant, ceux qui voudraient s'assurer que les héros de Kafka n'ont rien à voir avec ces personnages de roman que leurs auteurs, par besoin de simplifier, par parti pris ou par souci didactique, ont vidés de « toute pensée et de toute vie subjective » et qu'on nous présente comme « l'image même de la réalité humaine lorsqu'on la dépouille de toutes les conventions psycho-logiques », ceux-là n'auraient qu'à relire les minutieuses et subtiles analyses aux-quelles, dès que s'établit entre eux le plus léger contact, se livrent, avec une lucidité passionnée, les personnages de Kafka.

Telles ces dissections savantes de la conduite et des sentiments de K. à l'égard de
Frieda, opérées au moyen du plus fin scalpel, tour à tour par l'hôtelière, puis par
Frieda, puis par K. lui-même, et qui révèlent le jeu compliqué de rouages délicats,
un miroitement d'intentions, d'impulsions,
de calculs, d'impressions, de pressentiments multiples et souvent contradictoires.

Mais ces moments de sincérité, ces états
de grâce, sont aussi rares que les contacts
(amour — si l'on peut appeler ainsi leurs
étranges rapports — de Frieda et de K.
ou haine de l'hôtelière pour K.) à la faveur
desquels ils peuvent se produire.

Si l'on voulait situer le point exact de
l'œuvre de Dostoïevski à partir duquel
Kafka aurait « pris le départ », on le trou-
verait sans doute dans ces *Mémoires écrits
dans un souterrain* qui sont, nous l'avons
vu, comme à l'ultime limite, à l'extrême
pointe de cette œuvre.

Le héros de ces *Mémoires* sait qu'il n'est plus, pour « l'officier (qui le) prend par les épaules, et sans une explication, sans un mot, le déplace et passe comme s'(il) n'existait pas », rien d'autre qu'un simple objet, ou, aux yeux de ce Zverkov à « tête de bélier », qu'un « insecte curieux » ; il se sent, tandis qu'il essaie de se mêler à la foule et « se glisse de la façon la plus odieuse entre les passants », « pareil à un insecte » ; il « prend conscience très nettement qu'il n'est au milieu d'eux qu'une « mouche », « une vilaine mouche ». Ce point extrême où, pour un instant très court, il se trouve — car il aura rapidement sa revanche, il trouvera facilement à portée de sa main des êtres humains (telle cette Lise qu'il pourra aussitôt faire souffrir et dont il pourra se faire tant aimer et haïr) avec qui la plus étroite fusion sera toujours possible — ce point extrême où il n'est qu'un instant acculé, ce sera précisément, grossi aux dimensions d'un interminable

cauchemar, le monde sans issue où se dé-
battront les héros de Kafka.

On connaît cet univers où ne cesse de
se jouer un jeu de colin-maillard sinistre,
où l'on avance toujours dans la fausse direction, où les mains tendues « griffent le
vide », où tout ce qu'on touche se dérobe,
où celui qu'on agrippe un instant et qu'on
tâte d'une main anxieuse se transforme
tout à coup ou s'échappe, où les appels
sont toujours trompeurs, où les questions
ne reçoivent pas de réponse, où « les autres »
ce sont ceux qui vous jettent dehors « sans
mot dire, mais avec toute la force possible »,
car chez eux « l'hospitalité n'est pas
d'usage », ils « n'ont pas besoin d'hôtes »,
ceux qui regardent sans bouger ou oublient
par distraction de voir votre main que vous
« tenez tendue, pensant toujours qu'ils
vont la saisir », ceux qui, lorsqu'on leur
demande « si on ne pourrait pas venir les
voir (car) on se sent un peu seul », se con-
tentent de jeter leur adresse à titre « de

renseignement plutôt que d'invitation »,
ceux qui, si on leur dit qu'on va s'asseoir
auprès d'eux, répondent : « je m'en irai » ;
ceux qui, en votre présence, parlent de
vous comme d'une chose et observent vos
mouvements, « auxquels les chevaux mêmes
réagissent, comme s'ils voyaient les allées
et venues d'un chat » ; ceux qui, comme fit
Klamm avec l'hôtelière, un beau jour, —
et sans que des années et des années, toute
une vie de réflexion anxieuse, vous permettent jamais de comprendre « pourquoi
c'est arrivé », — rompent avec vous tout
rapport en ne vous « faisant plus appeler
et ne vous feront jamais appeler »; où « les
autres », ce sont ces êtres semi-humains,
aux visages identiques, dont les gestes
infantiles et incompréhensibles dissimulent,
sous leur naïveté et leur désordre apparents,
une habileté maligne à la fois rusée et ob-
tuse ; ce sont ces hommes au sourire énig-
matique qui vous observent à distance avec
une curiosité sournoise et puérile, qui vous

regardent « sans se parler, chacun pour soi, sans autre lien que la cible de leurs regards », qui s'écartent docilement quand on les chasse et reviennent aussitôt à leur place avec une obstination mécanique et inerte de poussahs ; un univers où, par-dessus tout, « les autres », ceux vers qui on tend de toutes ses forces, ce sont ces « messieurs » « lointains et invisibles », investis de fonctions administratives, minutieusement et strictement hiérarchisés, simples rouages s'échelonnant à l'infini jusqu'à ce rouage central d'une organisation mystérieuse, qui seul peut, pour des raisons inconnues, vous accorder ou vous refuser le droit d'exister, ces fonctionnaires, dont le plus infime détient sur vous qui n'êtes rien, « qu'un sujet pitoyable, ombre... chétivement enfouie dans le plus lointain des lointains », un pouvoir infini.

Ces « messieurs » dont il est impossible de connaître même l'apparence, que vous

pourrez vainement, toute votre vie durant,
guetter sur leur passage, qui « ne vous
parleront jamais et ne vous laisseront jamais paraître devant eux, quelque peine
que vous vous donniez et quelque insis-
tance que vous mettiez à les importuner »,
avec qui vous ne pouvez espérer créer une
sorte de rapport qu'en « figurant sur un pro-
cès-verbal » qu'ils ne liront probablement
jamais, mais qui, du moins, « sera classé
dans leurs archives », n'ont, de leur côté,
de vous qu'une connaissance distante, à
la fois générale et précise, comme celle
qui peut figurer sur les fichiers d'une admi-
nistration pénitentiaire.

Ici, où des distances infinies comme les
espaces interplanétaires séparent les êtres
les uns des autres, où vous avez, à tout
moment, « l'impression que l'on a coupé
avec vous toute liaison », tous les points
de repère disparaissent, le sens de l'orien-
tation s'émousse, les mouvements peu à
peu se dérèglent, les sentiments se désa-

grègent (ce qui subsiste encore de l'amour
n'est qu'une mêlée brutale dans laquelle
les amants, sous les yeux indifférents des
spectateurs, « s'acharnent l'un sur l'autre,
déçus, impuissants à s'aider », ou bien
quelques gestes brusques et mécaniques,
parodies de caresses adressées à un partenaire anonyme, comme celles que Leni pro-
digue à K. parce qu'il est accusé et qu'à
ses yeux tous les accusés sont beaux), les
paroles perdent leur sens habituel et leur
efficacité, les essais de justification servent
à prouver la culpabilité, l'approbation est
un piège, « pour induire un innocent en
tentation ; « on interprète tout à faux » et
jusqu'à ses propres questions, on ne comprend plus même ses propres conduites,
« on ne sait plus si on avait résisté ou si
on avait cédé »; comme un homme qui
n'a plus de miroir, on ne connaît plus son
propre visage, on est comme à l'écart, à
distance de soi-même, indifférent et un peu
hostile, un vide glacé, sans lumière et sans

ombre. Tous ces tentacules infimes qui à chaque instant se tendent vers le partenaire tout proche, se collent à lui, se décrochent, se redressent, se détendent, se rencontrent, se renouent, ici, tels des organes devenus inutiles, s'atrophient et disparaissent ; les mouvements subtils et précis, les approches savantes et les reculs feints ne sont plus que les gigotements désordonnés et aveugles, les sursauts monotones de l'animal pris au piège ; cette malléabilité, cette suggestibilité, qui était une caresse furtive et avide, est devenue une docilité de chose inerte, une passivité désespérée devant « un destin inévitable » ; la mort même, à laquelle on se soumet sans résistance, parce qu'on n'est plus déjà, depuis longtemps, que de « la matière morte », a perdu son caractère de tragédie unique ; l'assassinat n'est plus la suprême étreinte, ni même la suprême rupture, il n'est qu'une partie d'un rituel coutumier et minutieusement réglé, légèrement écœurant et un peu grotesque, exécuté par des « Messieurs » guindés, rasés de près, en redingote et en chapeau haut de forme, aux gestes pleins d'une courtoisie délicate et glacée, qui échangent longuement entre eux des « politesses pour régler les questions de préséance », rituel auquel la victime s'efforce de participer de son mieux, jusqu'à ce qu'enfin, sous les yeux des « messieurs qui, penchés tout près de son visage, l'observent, joue contre joue », elle meure égorgée : « comme un chien ! »

Avec cette divination propre à certains génies, celle qui avait fait pressentir à Dostoïevski l'immense élan fraternel du peuple russe et sa singulière destinée, Kafka qui était juif et vivait dans l'ombre de la nation allemande a préfiguré le sort prochain de son peuple et pénétré ces traits qui furent ceux de l'Allemagne hitlérienne et qui devaient amener les Nazis à concevoir et à réaliser une expérience unique : celle

des étoiles en satinette jaune distribuées
après remise de deux points découpés dans
la carte de textile ; celle des fours créma-
toires sur lesquels de grands panneaux-
réclame indiquaient le nom et l'adresse
de la firme d'appareils sanitaires qui en
avait construit le modèle, et des chambres
à gaz où deux mille corps nus (les vêtements
avaient été au préalable, comme dans *le
Procès*, « soigneusement mis de côté et
pliés ») se tordaient sous l'œil de Messieurs
bien sanglés, bottés et décorés, venus en
mission d'inspection, qui les observaient
par un orifice vitré dont ils s'approchaient
tour à tour en respectant les préséances et
en échangeant des politesses.

Là, derrière ces limites extrêmes où
Kafka les a non pas suivis, mais où il a eu
le courage surhumain de les précéder, tout
sentiment disparaît, même le mépris et
la haine, il ne reste qu'une immense stu-
peur vide, un ne-pas-comprendre définitif
et total.

On ne peut ni demeurer à ses côtés, ni essayer d'aller plus loin. Ceux qui vivent sur la terre des hommes ne peuvent que rebrousser chemin.

Temps modernes, octobre 1947.

L'ère du Soupçon

Les critiques ont beau préférer, en bons pédagogues, faire semblant de ne rien remarquer, et par contre ne jamais manquer une occasion de proclamer sur le ton qui sied aux vérités premières que le roman, que je sache, est et restera toujours, avant tout, « une histoire où l'on voit agir et vivre des personnages », qu'un romancier n'est digne de ce nom que s'il est capable de « croire » à ses personnages, ce qui lui permet de les rendre « vivants » et de leur donner une « épaisseur romanesque » ; ils ont beau distribuer sans compter les éloges à ceux qui savent encore, comme Balzac ou Flaubert, « camper » un héros de roman

et ajouter une « inoubliable figure » aux
figures inoubliables dont ont peuplé notre
univers tant de maîtres illustres ; ils ont
beau faire miroiter devant les jeunes écrivains le mirage des récompenses exquises
qui attendent, dit-on, ceux dont la foi
est la plus vivace : ce moment bien connu
de quelques « vrais romanciers » où le personnage, tant la croyance en lui de son auteur et l'intérêt qu'il lui porte sont intenses, se met soudain, telles les tables
tournantes, animé par un fluide mystérieux,
à se mouvoir de son propre mouvement et
à entraîner à sa suite son créateur ravi
qui n'a plus qu'à se laisser à son tour guider
par sa créature ; enfin les critiques ont
beau joindre aux promesses les menaces
et avertir les romanciers que, s'ils n'y
prennent garde, le cinéma, leur rival mieux
armé, viendra ravir le sceptre à leurs
mains indignes — rien n'y fait. Ni reproches
ni encouragements ne parviennent à rani-
mer une foi languissante.

Et, selon toute apparence, non seulement le romancier ne croit plus guère à ses personnages, mais le lecteur, de son côté, n'arrive plus à y croire. Aussi voit-on le personnage de roman, privé de ce double soutien, la foi en lui du romancier et du lecteur, qui le faisait tenir debout, solidement d'aplomb, portant sur ses larges épaules tout le poids de l'histoire, vaciller et se défaire.

Depuis les temps heureux d'*Eugénie Grandet* où, parvenu au faîte de sa puissance, il trônait entre le lecteur et le romancier, objet de leur ferveur commune, tels les Saints des tableaux primitifs entre les donateurs, il n'a cessé de perdre successivement tous ses attributs et prérogatives.

Il était très richement pourvu, comblé de biens de toute sorte, entouré de soins minutieux ; rien ne lui manquait, depuis les boucles d'argent de sa culotte jusqu'à la loupe veinée au bout de son nez. Il a, peu à peu, tout perdu : ses ancêtres, sa

maison soigneusement bâtie, bourrée de
la cave au grenier d'objets de toute espèce,
jusqu'aux plus menus colifichets, ses pro-
priétés et ses titres de rente, ses vêtements, son corps, son visage, et, surtout,
ce bien précieux entre tous, son caractère
qui n'appartenait qu'à lui, et souvent jusqu'à son nom.

Aujourd'hui, un flot toujours grossissant
nous inonde d'œuvres littéraires qui prétendent encore être des romans et où un
être sans contours, indéfinissable, insaisis-
sable et invisible, un « je » anonyme qui
est tout et qui n'est rien et qui n'est le
plus souvent qu'un reflet de l'auteur lui-
même, a usurpé le rôle du héros principal
et occupe la place d'honneur. Les personnages qui l'entourent, privés d'existence
propre, ne sont plus que des visions, rêves,
cauchemars, illusions, reflets, modalités
ou dépendances de ce « je » tout-puissant.

Et l'on pourrait se rassurer en songeant
que ce procédé est l'effet d'un égocentrisme

propre à l'adolescence, d'une timidité ou d'une inexpérience de débutant, si cette maladie juvénile n'avait frappé précisément les œuvres les plus importantes de notre temps (depuis *A la Recherche du Temps perdu* et *Paludes* jusqu'au *Miracle de la Rose*, en passant par *Les Cahiers de Malte Laurids Brigge*, *Le Voyage au bout de la Nuit* et *La Nausée*), celles où leurs auteurs ont montré d'emblée tant de maîtrise et une si grande puissance d'attaque.

Ce que révèle, en effet, cette évolution actuelle du personnage de roman est tout à l'opposé d'une régression à un stade infantile.

Elle témoigne, à la fois chez l'auteur et chez le lecteur, d'un état d'esprit singulièrement sophistiqué. Non seulement ils se méfient du personnage de roman, mais, à travers lui, ils se méfient l'un de l'autre. Il était le terrain d'entente, la base solide d'où ils pouvaient d'un commun effort s'élancer vers des recherches et des découvertes nouvelles. Il est devenu le lieu de leur méfiance réciproque, le terrain dévasté où ils s'affrontent. Quand on examine sa situation actuelle, on est tenté de se dire qu'elle illustre à merveille le mot de Stendhal : « le génie du soupçon est venu au monde ». Nous sommes entrés dans l'ère du soupçon.

Et tout d'abord le lecteur, aujourd'hui, se méfie de ce que lui propose l'imagination de l'auteur. « Plus personne, se plaint M. Jacques Tournier, n'ose avouer qu'il invente. Le document seul importe, précis, daté, vérifié, authentique. L'œuvre d'imagination est bannie, parce qu'inventée... (Le public) a besoin, pour croire à ce qu'on lui raconte, d'être sûr qu'on ne le « lui fait pas »... Plus rien ne compte que le petit fait vrai [1] »...

Seulement M. Tournier ne devrait pas se montrer si amer. Cette prédilection

1. *La Table ronde*, janvier 1948, p. 145.

pour le « petit fait vrai », qu'au fond de son
cœur chacun de nous éprouve, n'est pas
l'indice d'un esprit timoré et rassis, toujours prêt à écraser sous le poids des « réalités solides » toute tentative audacieuse,
toute velléité d'évasion. Bien au contraire,
il faut rendre au lecteur cette justice, qu'il
ne se fait jamais bien longtemps tirer
l'oreille pour suivre les auteurs sur des
pistes nouvelles. Il n'a jamais vraiment
rechigné devant l'effort. Quand il consen-
tait à examiner avec une attention minu-
tieuse chaque détail du costume du père
Grandet et chaque objet de sa maison, à
évaluer ses peupliers et ses arpents de vigne
et à surveiller ses opérations de bourse,
ce n'était pas par goût des réalités solides,
ni par besoin de se blottir douillettement
au sein d'un univers connu, aux contours
rassurants. Il savait bien où l'on voulait
le conduire. Et que ce n'était pas vers la
facilité.

Quelque chose d'insolite, de violent, se

cachait sous ces apparences familières. Tous
les gestes du personnage en retraçaient
quelque aspect ; le plus insignifiant bibelot
en faisait miroiter une facette. C'était cela
qu'il s'agissait de mettre au jour, d'explorer jusqu'à ses extrêmes limites, de fouiller
dans tous ses replis : une matière dense,
toute neuve, qui résistait à l'effort et
attisait la passion de la recherche. La conscience de cet effort et de la validité de cette
recherche justifiait l'outrecuidance avec
laquelle l'auteur, sans craindre de lasser
la patience du lecteur, l'obligeait à ces
inspections fureteuses de ménagère, à ces
calculs de notaire, à ces estimations de
commissaire-priseur. Elle justifiait la docilité du lecteur. C'était là, ils le savaient
tous deux, que se logeait ce qui était alors
leur grande affaire. Là, et nulle part ailleurs :
aussi inséparable de l'objet que l'était,
dans un tableau de Chardin la couleur
jaune, du citron ou, sur une toile de Véro-
nèse, le bleu, du ciel. De même que la

couleur jaune *était* le citron et la couleur
bleue le ciel, et qu'ils ne pouvaient se
concevoir l'un sans l'autre, l'avarice *était*
le père Grandet, elle en constituait toute
la substance, elle l'emplissait jusqu'aux
bords et elle recevait de lui, à son tour, sa
forme et sa vigueur.

Plus fortement charpenté, mieux construit, plus richement orné était l'objet,
plus riche et nuancée était la matière.

Est-ce la faute du lecteur si elle a, depuis lors, cette matière, acquis pour lui
la molle consistance et la fadeur des nourritures remâchées, et l'objet où l'on voudrait aujourd'hui l'enfermer, la plate apparence du trompe-l'œil?

La vie à laquelle, en fin de compte, tout
en art se ramène (cette « intensité de vie »
qui, « décidément, disait Gide, fait la valeur
d'une chose »), a abandonné des formes autrefois si pleines de promesses, et s'est
transportée ailleurs. Dans son mouvement
incessant qui la fait se déplacer toujours

vers cette ligne mobile où parvient à un
moment donné la recherche et où porte tout
le poids de l'effort, elle a brisé les cadres
du vieux roman et rejeté, les uns après les
autres, les vieux accessoires inutiles. Les
loupes et les gilets rayés, les caractères et
les intrigues pourraient continuer à varier
à l'infini sans révéler aujourd'hui autre
chose qu'une réalité dont chacun connaît,
pour l'avoir parcourue en tous sens, la
moindre parcelle. Au lieu, comme au temps
de Balzac, d'inciter le lecteur à accéder à
une vérité qui se conquiert de haute lutte,
ils sont une concession dangereuse à son
penchant à la paresse — et aussi à celui
de l'auteur — à sa crainte du dépaysement.
Le coup d'œil le plus rapide jeté autour de
lui, le plus fugitif contact, révèlent plus
de choses au lecteur que toutes ces apparences qui n'ont d'autre but que de vêtir
le personnage de vraisemblance. Il lui
suffit de puiser dans le stock immense que
sa propre expérience ne cesse de grossir

pour suppléer à ces fastidieuses descriptions.

Quant au caractère, il sait bien qu'il
n'est pas autre chose que l'étiquette grossière dont lui-même se sert, sans trop y
croire, pour la commodité pratique, pour
régler, en très gros, ses conduites. Et il se
méfie des actions brutales et spectacu-
laires qui façonnent à grandes claques
sonores les caractères ; et aussi de l'intrigue qui, s'enroulant autour du personnage comme une bandelette, lui donne, en
même temps qu'une apparence de cohésion
et de vie, la rigidité des momies.

Enfin, M. Tournier a raison ; il se méfie
de tout. C'est qu'il a, depuis quelque temps,
appris à connaître trop de choses, et qu'il
ne parvient pas à oublier tout à fait ce qu'il
a appris.

Ce qu'il a appris, chacun le sait trop
bien pour qu'il soit utile d'insister. Il a
connu Joyce, Proust et Freud ; le ruissel-
lement, que rien au-dehors ne permet de

déceler, du monologue intérieur, le foisonnement infini de la vie psychologique et les vastes régions encore à peine défrichées de l'inconscient. Il a vu tomber les cloisons étanches qui séparaient les personnages les uns des autres, et le héros de roman devenir une limitation arbitraire, un découpage conventionnel pratiqué sur la trame commune que chacun contient tout entière et qui capte et retient dans ses mailles innombrables tout l'univers. Comme le chirurgien qui fixe son regard sur l'endroit précis où doit porter son effort, l'isolant du corps endormi, il a été amené à concentrer toute son attention et sa curiosité sur quelque état psychologique nouveau, oubliant le personnage immobile qui lui sert de support de hasard. Il a vu le temps cesser d'être ce courant rapide qui poussait en avant l'intrigue pour devenir une eau dormante au fond de laquelle s'élaborent de lentes et subtiles décompositions; il a vu nos actes perdre leurs mobiles cou-

rants et leurs significations admises, des
sentiments inconnus apparaître et les
mieux connus changer d'aspect et de nom.

Il a si bien et tant appris qu'il s'est
mis à douter que l'objet fabriqué que les
romanciers lui proposent puisse receler
les richesses de l'objet réel. Et puisque les
auteurs qui pratiquent la méthode objec-
tive prétendent qu'il est vain de s'efforcer
de reproduire l'infinie complexité de la
vie, et que c'est au lecteur de se servir
de ses propres richesses et des instruments
d'investigation qu'il possède pour arracher
son mystère à l'objet fermé qu'ils lui
montrent, il préfère ne s'efforcer qu'à bon
escient et s'attaquer aux faits réels.

« Le petit fait vrai », en effet, possède
sur l'histoire inventée d'incontestables
avantages. Et tout d'abord celui d'être vrai.
De là lui vient sa force de conviction et
d'attaque, sa noble insouciance du ridicule
et du mauvais goût, et cette audace tran-
quille, cette désinvolture qui lui permet

de franchir les limites étriquées où le souci
de la vraisemblance tient captifs les romanciers les plus hardis et de faire reculer
très loin les frontières du réel. Il nous fait
aborder à des régions inconnues où aucun
écrivain n'aurait songé à s'aventurer, et
nous mène d'un seul bond aux abîmes.

Quelle histoire inventée pourrait riva-
liser avec celle de la séquestrée de Poitiers
ou avec les récits des camps de concentra-
tion ou de la bataille de Stalingrad? Et
combien faudrait-il de romans, de personnages, de situations et d'intrigues pour fournir au lecteur une matière qui égalerait
en richesse et en subtilité celle qu'offre
à sa curiosité et à sa réflexion une mono-
graphie bien faite?

C'est donc pour de très saines raisons
que le lecteur préfère aujourd'hui le document vécu (ou du moins ce qui en a la ras-
surante apparence) au roman. Et la vogue
récente du roman américain ne vient pas,
comme on pourrait le croire, démentir cette

préférence. Bien au contraire, elle la con-
firme. Cette littérature — que le lecteur
américain cultivé a dédaignée, précisément
pour les raisons que nous venons d'indi-
quer, — en transportant le lecteur français dans un univers étranger sur lequel
il n'avait aucune prise, endormait sa méfiance, excitait en lui cette curiosité crédule
qu'éveillent les récits de voyages et lui
donnait l'impression délicieuse de s'évader
dans un monde inconnu. Maintenant qu'il
s'est plus ou moins assimilé ces nourritures
exotiques — qui se sont révélées comme
étant, malgré leur richesse et leur diver-
sité apparentes, bien moins fortifiantes
qu'on ne croyait — le lecteur français, à
son tour, s'en détourne.

Tous ces sentiments du lecteur à l'égard
du roman, l'auteur, il va sans dire, les
connaît d'autant mieux que, lecteur lui-
même, et souvent assez averti, il les
éprouve.

Aussi, quand il songe à raconter une his-

toire et qu'il se dit qu'il lui faudra, sous
l'œil narquois du lecteur, se résoudre à
écrire : « La marquise sortit à cinq heures »,
il hésite, le cœur lui manque, non, décidément, il ne peut pas.

Si, rassemblant son courage, il se décide
à ne pas rendre à la marquise les soins que
la tradition exige et à ne parler que de ce
qui, aujourd'hui, l'intéresse, il s'aperçoit
que le ton impersonnel, si heureusement
adapté aux besoins du vieux roman, ne convient pas pour rendre compte des états
complexes et ténus qu'il cherche à découvrir. Ces états, en effet, sont comme ces
phénomènes de la physique moderne, si
délicats et infimes qu'un rayon de lumière
ne peut les éclairer sans qu'il les trouble et
les déforme. Aussi, dès que le romancier
essaie de les décrire sans révéler sa présence, il lui semble entendre le lecteur,
pareil à cet enfant à qui sa mère lisait pour
la première fois une histoire, l'arrêter en
demandant : « Qui dit ça ? »

Le récit à la première personne satisfait la curiosité légitime du lecteur et apaise le scrupule non moins légitime de l'auteur. En outre, il possède au moins une apparence d'expérience vécue, d'authenticité, qui tient le lecteur en respect et apaise sa méfiance.

Et puis, personne ne se laisse plus tout à fait égarer par ce procédé commode qui consiste pour le romancier à débiter parcimonieusement des parcelles de lui-même et à les vêtir de vraisemblance en les répartissant, forcément un peu au petit bonheur (car si elles sont prélevées sur une coupe pratiquée à une certaine profondeur, elles se retrouvent, identiques, chez tous) entre des personnages d'où, à son tour, le lecteur, par un travail de décortication, les dégage pour les replacer, comme au jeu de loto, dans les cases correspondantes qu'il retrouve en lui-même.

Aujourd'hui chacun se doute bien, sans qu'on ait besoin de le lui dire, que « la

Bovary — c'est moi ». Et puisque ce qui maintenant importe c'est, bien plutôt que d'allonger indéfiniment la liste des types littéraires, de montrer la coexistence de sentiments contradictoires et de rendre, dans la mesure du possible, la richesse et la complexité de la vie psychologique, l'écrivain, en toute honnêteté, parle de soi.

Mais il y a plus : si étrange que cela puisse paraître, cet auteur que la perspicacité grandissante et la méfiance du lecteur intimident, se méfie, de son côté, de plus en plus, du lecteur.

Le lecteur, en effet, même le plus averti, dès qu'on l'abandonne à lui-même, c'est plus fort que lui, typifie.

Il le fait — comme d'ailleurs le romancier, aussitôt qu'il se repose — sans même s'en apercevoir, pour la commodité de la vie quotidienne, à la suite d'un long entraînement. Tel le chien de Pavlov, à qui le tintement d'une clochette fait sécréter de la salive, sur le plus faible indice il fabrique des personnages. Comme au jeu des « statues », tous ceux qu'il touche se pétrifient. Ils vont grossir dans sa mémoire la vaste collection de figurines de cire que tout au long de ses journées il complète à la hâte et que, depuis qu'il a l'âge de lire, n'ont cessé d'enrichir d'innombrables romans.

Or, nous l'avons vu, les personnages, tels que les concevait le vieux roman (et tout le vieil appareil qui servait à les mettre en valeur), ne parviennent plus à contenir la réalité psychologique actuelle. Au lieu, comme autrefois, de la révéler, ils l'escamotent.

Aussi, par une évolution analogue à celle de la peinture — bien qu'infiniment plus timide et plus lente, coupée de longs arrêts et de reculs — l'élément psychologique, comme l'élément pictural, se libère insensiblement de l'objet avec lequel il faisait corps. Il tend à se suffire à lui-même et à se passer le plus possible de support. C'est sur lui que tout l'effort de recherche du

romancier se concentre, et sur lui que doit
porter tout l'effort d'attention du lecteur.

Il faut donc empêcher le lecteur de courir deux lièvres à la fois, et puisque ce que
les personnages gagnent en vitalité facile
et en vraisemblance, les états psychologiques auxquels ils servent de support le
perdent en vérité profonde, il faut éviter
qu'il disperse son attention et la laisse
accaparer par les personnages, et, pour
cela, le priver le plus possible de tous les
indices dont, malgré lui, par un penchant
naturel, il s'empare pour fabriquer des
trompe-l'œil.

Voilà pourquoi le personnage n'est plus
aujourd'hui que l'ombre de lui-même. C'est
à contrecœur que le romancier lui accorde
tout ce qui peut le rendre trop facilement
repérable : aspect physique, gestes, actions, sensations, sentiments courants,
depuis longtemps étudiés et connus, qui
contribuent à lui donner à si bon compte
l'apparence de la vie et offrent une prise si

commode au lecteur [1]. Même le nom dont
il lui faut, de toute nécessité, l'affubler, est
pour le romancier une gêne. Gide évite pour
ses personnages les noms patronymiques
qui risquent de les planter d'emblée solidement dans un univers trop semblable à
celui du lecteur, et préfère les prénoms peu
usuels. Le héros de Kafka n'a pour tout
nom qu'une initiale, celle de Kafka lui-
même. Joyce désigne par H. C. E., initiales
aux interprétations multiples, le héros
protéiforme de *Finnegans Wake*.

Et c'est bien mal rendre justice à l'audacieuse et très valable tentative de Faulk-
ner, si révélatrice des préoccupations des
romanciers actuels, que d'attribuer à un
besoin pervers et enfantin de mystifier le
lecteur le procédé employé par lui dans *Le*

1. « Pas une seule fois, s'écriait Proust, un de mes
personnages ne ferme une fenêtre, ne se lave les
mains, ne passe un pardessus, ne dit une formule
de présentation. S'il y avait même quelque chose de
nouveau dans ce livre, ce serait cela... » (*Lettre à
Robert Dreyfus*.)

Bruit et la Fureur et qui consiste à donner le
même prénom à deux personnages différents [1]. Ce prénom qu'il promène d'un personnage à l'autre sous l'œil agacé du lecteur, comme le morceau de sucre sous le
nez du chien, force le lecteur à se tenir cons-
tamment sur le qui-vive. Au lieu de se
laisser guider par les signes qu'offrent à sa
paresse et à sa hâte les usages de la vie
quotidienne, il doit, pour identifier les personnages, les reconnaître aussitôt, comme
l'auteur lui-même, par le dedans, grâce à
des indices qui ne lui sont révélés que si,
renonçant à ses habitudes de confort, il
plonge en eux aussi loin que l'auteur et
fait sienne sa vision.

Tout est là, en effet : reprendre au lecteur
son bien et l'attirer coûte que coûte sur le
terrain de l'auteur. Pour y parvenir, le procédé qui consiste à désigner par un « je » le
héros principal, constitue un moyen à la

1. Quentin est le prénom de l'oncle et de la nièce
Caddy, celui de la mère et de la fille.

fois efficace et facile, et, pour cette raison, sans doute, si fréquemment employé.

Alors le lecteur est d'un coup à l'intérieur, à la place même où l'auteur se trouve, à une profondeur où rien ne subsiste de ces points de repère commodes à l'aide desquels il construit les personnages. Il est plongé et maintenu jusqu'au bout dans une matière anonyme comme le sang, dans un magma sans nom, sans contours. S'il parvient à se diriger, c'est grâce aux jalons que l'auteur a posés pour s'y reconnaître. Nulle réminiscence de son monde familier, nul souci conventionnel de cohésion ou de vraisemblance, ne détourne son attention ni ne freine son effort. Les seules limites auxquelles, comme l'auteur, il se heurte, sont celles qui sont inhérentes à toute recherche de cet ordre ou qui sont propres à la vision de l'auteur.

Quant aux personnages secondaires, ils sont privés de toute existence autonome et ne sont que des excroissances, modalités, expériences ou rêves de ce « je », auquel l'auteur s'identifie, et qui, en même temps, n'étant pas romancier, n'a pas à se préoccuper de créer un univers où le lecteur se sente trop à l'aise, ni de donner aux personnages ces proportions et dimensions obligatoires qui leur confèrent leur si dangereuse « ressemblance ». Son œil d'obsédé, de maniaque ou de visionnaire s'en empare à son gré ou les abandonne, les étire dans une seule direction, les comprime, les grossit, les aplatit ou les pulvérise pour les forcer à lui livrer la réalité nouvelle qu'il s'efforce de découvrir.

De même le peintre moderne — et l'on pourrait dire que tous les tableaux, depuis l'impressionnisme, sont peints à la première personne — arrache l'objet à l'univers du spectateur et le déforme pour en dégager l'élément pictural.

Ainsi, par un mouvement analogue à celui de la peinture, le roman que seul l'attachement obstiné à des techniques péri-

mées fait passer pour un art mineur, pour-
suit avec des moyens qui ne sont qu'à lui
une voie qui ne peut être que la sienne ; il
laisse à d'autres arts — et notamment au
cinéma — ce qui ne lui appartient pas en
propre. Comme la photographie occupe et
fait fructifier les terres qu'a délaissées la
peinture, le cinéma recueille et perfec-
tionne ce que lui abandonne le roman.

Le lecteur, au lieu de demander au roman ce que tout bon roman lui a le plus
souvent refusé, d'être un délassement facile,
peut satisfaire au cinéma, sans effort et sans
perte de temps inutile, son goût des
personnages « vivants » et des histoires.

Cependant, il semble que le cinéma est
menacé à son tour. Le « soupçon » dont
souffre le roman, le gagne. Sinon, comment
expliquer cette inquiétude qu'à la suite des
romanciers certains metteurs en scène
éprouvent, et qui les pousse à faire des
films à la première personne en y introdui-

sant l'œil d'un témoin ou la voix d'un narrateur ?

Quant au roman, avant même d'avoir épuisé tous les avantages que lui offre le récit à la première personne et d'être parvenu au fond de l'impasse où aboutit nécessairement toute technique, il s'impatiente et cherche déjà, pour échapper à ses difficultés actuelles, d'autres issues.

Le soupçon, qui est en train de détruire le personnage et tout l'appareil désuet qui assurait sa puissance, est une de ces réactions morbides par lesquelles un organisme se défend et trouve un nouvel équilibre. Il force le romancier à s'acquitter de ce qui est, dit Philip Toynbee, rappelant l'enseignement de Flaubert, « son obligation la plus profonde : découvrir de la nouveauté », et l'empêche de commettre « son crime le plus grave : répéter les découvertes de ses prédécesseurs ».

Temps modernes, février 1950.

Conversation
et sous-conversation

Qui songerait aujourd'hui à prendre encore au sérieux ou seulement à lire les articles que Virginia Woolf, quelques années après l'autre guerre, écrivait sur l'art du roman ? Leur confiance naïve, leur innocence d'un autre âge feraient sourire. « Il est difficile, écrivait-elle avec une enviable candeur, de ne pas tenir pour acquis que l'art actuel du roman est en progrès sur l'ancien... Les outils des classiques étaient frustes et leur matière était primitive. Leurs chefs-d'œuvre ont un air de simplicité. Quelles possibilités ne nous sont-elles pas offertes... » Et, plus naïvement encore : « Pour les modernes, ajoutait-elle avec

4

fierté, l'intérêt se trouve dans les endroits
obscurs de la psychologie. »

Sans doute, avait-elle quelques excuses :
Ulysse venait de paraître. *A l'ombre des
jeunes filles en fleurs* allait recevoir le prix
Goncourt. Elle-même préparait *Mrs. Dal-
loway*. Elle manquait évidemment de recul.

Mais, pour la plupart d'entre nous, les
œuvres de Joyce et de Proust se dressent
déjà dans le lointain comme les témoins
d'une époque révolue. Le temps n'est pas
éloigné où l'on ne visitera plus que sous la
conduite d'un guide, parmi les groupes
d'enfants des écoles, dans un silence respec-
tueux et avec une admiration un peu
morne, ces monuments historiques. Voilà
quelques années déjà qu'on est revenu des
« endroits obscurs de la psychologie ». Ces
pénombres où, il y a trente ans à peine, on
croyait voir scintiller des trésors, ne nous
ont livré que peu de chose. Il faut bien
reconnaître que l'exploration, si audacieuse
et si bien menée qu'elle ait pu être, poussée

si loin et avec de si grands moyens, a abouti,
tout compte fait, à une déception. Les plus
impatients et les plus hardis d'entre les
romanciers n'ont pas été longs à déclarer
que le jeu n'en valait pas la chandelle et
qu'ils préféraient diriger ailleurs leurs
efforts. Le mot « psychologie » est un de
ceux qu'aucun auteur aujourd'hui ne peut
entendre prononcer à son sujet sans bais-
ser les yeux et rougir. Quelque chose d'un
peu ridicule, de désuet, de cérébral, de
borné, pour ne pas dire de prétentieuse-
ment sot, s'y attache. Les gens intelligents,
les esprits avancés à qui un auteur impru-
dent oserait avouer — mais qui l'ose ? —
son goût secret pour les « endroits obscurs
de la psychologie » ne manqueraient pas de
lui dire avec un étonnement apitoyé : « Ah !
parce que vous croyez encore à tout cela ?... »
Depuis les romans américains et les grandes vérités aveuglantes que n'a cessé de
déverser sur nous la littérature de l'absurde,
y a-t-il encore beaucoup de gens qui y

croient ? Joyce n'a tiré de ces fonds obscurs
qu'un déroulement ininterrompu de mots.
Quant à Proust, il a eu beau s'acharner à
séparer en parcelles infimes la matière
impalpable qu'il a ramenée des tréfonds de
ses personnages, dans l'espoir d'en extraire
je ne sais quelle substance anonyme dont
serait composée l'humanité tout entière, à
peine le lecteur referme-t-il son livre que
par un irrésistible mouvement d'attraction
toutes ces particules se collent les unes aux
autres, s'amalgament en un tout cohérent,
aux contours très précis, où l'œil exercé du
lecteur reconnaît aussitôt un riche homme
du monde amoureux d'une femme entre-
tenue, un médecin arrivé, gobeur et ba-
lourd, une bourgeoise parvenue ou une
grande dame snob qui vont rejoindre dans
son musée imaginaire toute une vaste collection de personnages romanesques.

Que de peines pour parvenir aux résultats qu'obtient, sans contorsions et sans
coupages de cheveux en quatre, disons

Hemingway. Et dès lors pourquoi s'inquiéter, s'il les emploie avec un égal bonheur, qu'il se serve des outils qui ont déjà
si bien servi à Tolstoï.

Mais il s'agit bien de Tolstoï! Ce sont les
auteurs du xviie et du xviiie siècle qu'on
nous propose à tout moment pour modèles.
Si quelque entêté continue, à ses risques et
périls, à vouloir explorer à tâtons les « endroits obscurs », aussitôt on le renvoie à la
Princesse de Clèves et à *Adolphe*. Qu'il
relise donc un peu les classiques. Aurait-il
la prétention de s'avancer plus loin qu'eux
dans les pénombres de l'âme, et avec autant
d'aisance et de grâce, et d'un pas aussi vif
et léger!

Aussi, dès qu'un auteur, renonçant à
l'héritage que lui ont légué ceux que Virginia Woolf appelait il y a trente ans les
modernes, dédaignant les libertés (les « faci-
lités », dirait-il) qu'ils ont conquises, parvient à capter quelques mouvements de
l'âme dans ces lignes pures, simples, élé-

gantes et légères qui caractérisent le style classique, aussitôt on le porte aux nues. Avec quel empressement, quelle générosité, chacun s'évertue à découvrir un foisonnement de sentiments inexprimables derrière ses réticences et ses silences, à voir de la pudeur et une force contenue dans la prudence et l'abstinence que lui impose le constant souci de ne pas laisser perdre sa ligne à son style.

Cependant le malheureux obstiné qui, insoucieux de l'indifférence ou de la réprobation qui l'attendent, s'acharne à fouiller encore les régions obscures dans l'espoir d'en extraire quelques parcelles d'une matière inconnue, ne trouve pas pour autant cette paix de la conscience que devraient lui assurer son indépendance et son désintéressement.

Souvent, des doutes, des scrupules le tourmentent et ralentissent ses efforts. Car ces ténèbres secrètes qui l'attirent, où peut-il les trouver, les scruter, sinon en lui-même

ou chez les quelques personnes de son entou-
rage qu'il croit très bien connaître et auxquelles il s'imagine ressembler ? Et les mouvements infimes et évanescents qui s'y
dissimulent, s'épanouissent de préférence
dans l'immobilité et le repliement. Le fra-
cas des actions qui s'accomplissent au
grand jour les couvre ou les arrête.

Mais il sait bien, tandis que replié sur
lui-même, macérant dans le liquide pro-
tecteur de son petit bocal bien clos, il se
contemple et contemple ses semblables,
qu'au-dehors des choses très importantes
(peut-être, et il se le dit avec angoisse, les
seules vraies choses importantes) se passent:
des hommes probablement très différents
de lui-même et de ses parents et amis, des
hommes qui ont d'autres chats à fouetter
que de se pencher sur leurs frémissements
intimes, et chez qui d'ailleurs de grosses
souffrances, de grandes et simples joies,
de puissants besoins très visibles devraient,
semble-t-il, écraser ces très subtils frémis-

sements, des hommes à qui va sa sympathie
et souvent son admiration, agissent et lut-
tent, et il sait que pour être en accord avec
sa conscience et répondre aux exigences de
son temps, c'est d'eux et non de lui-même
ou de ceux qui lui ressemblent qu'il lui
faudrait s'occuper.

Mais si, s'arrachant à son bocal, il essaie
de tourner son attention vers ces hommes
et de les faire vivre dans ses livres, de nouvelles inquiétudes l'assaillent. Ses yeux,
habitués aux pénombres, sont éblouis par
la lumière crue du dehors. A force de n'examiner autour de lui que des espaces minuscules, de fixer longtemps un seul point, il
ils sont devenus comme des lentilles gros-
sissantes qui ne peuvent embrasser d'un
seul coup de vastes étendues. Sa longue
macération dans son bocal lui a fait perdre
sa fraîcheur innocente. Il a vu combien il
était difficile, quand il examinait de tout
près quelque recoin minuscule de lui-même,
de faire l'inventaire de toutes les choses qui

s'y trouvent : sans grande importance, il le sait bien, décevantes le plus souvent, mais dont un examen rapide et à distance ne lui aurait jamais permis même de soupçonner l'existence. Aussi, ces hommes du dehors, il a l'impression qu'il les voit mal. Leurs actes, qu'il respecte et admire, lui paraissent être comme des filets aux mailles très grosses : ils laissent passer à travers leurs larges trous toute cette matière trouble et grouillante dans laquelle il s'est habitué, et il n'arrive plus à se défaire de cette habitude, à chercher la substance vivante, pour lui la seule substance vivante ; et ce qu'ils ramènent, il n'y voit souvent pas autre chose, il faut bien qu'il se l'avoue, que de grandes carcasses vides. Ces hommes qu'il voudrait tant connaître et faire connaître, quand il essaie de les montrer se mouvant dans la lumière aveuglante du grand jour, lui semblent n'être que de belles poupées, destinées à amuser les enfants.

D'ailleurs, s'il s'agit de montrer du

dehors, vides de tous grouillements et frémissements secrets, des personnages, et de
relater les actions et les événements qui
composent leur histoire, ou de raconter à
leur propos des histoires, comme on l'incite si souvent à le faire (n'est-ce pas là,
lui répète-t-on, le don qui caractérise le
mieux le véritable écrivain?), le cinéaste
qui dispose de moyens d'expression bien
mieux adaptés à ce but et bien plus puissants que les siens arrive, avec moins de
fatigue et de perte de temps pour le spectateur, à le surpasser aisément. Et quant à
évoquer d'une façon plausible les souffrances et les luttes des hommes, à faire connaître toutes les iniquités souvent monstrueuses et difficilement croyables qui se
commettent, le journaliste possède sur lui
l'immense avantage de pouvoir donner aux
faits qu'il rapporte — si invraisemblables
qu'ils puissent paraître — cet air d'authenticité qui seul pourra forcer la conviction
du lecteur.

Force lui est donc, sans encouragements, sans confiance, avec un sentiment souvent pénible de culpabilité et d'ennui, de retourner à lui-même. Mais là, tandis qu'après cette évasion le plus souvent imaginaire — il est d'ordinaire bien trop méfiant et découragé d'avance pour s'aventurer au-dehors — il s'est replongé dans son bocal, on ferait de sa situation une description trop poussée au sombre si l'on ne disait qu'il lui arrive de connaître, à son propre étonnement et assez rarement il est vrai, des moments de satisfaction et d'espoir.

Il apprend un beau jour que même là-bas, au-dehors, non pas dans ces régions obscures et solitaires où il tâtonne et où s'était aventuré autrefois le mince peloton des modernes, mais dans les riches terres éternellement fertiles, bien peuplées et cultivées avec soin, où la tradition continue à s'épanouir au soleil, on a fini par s'apercevoir qu'il se passe tout de même quelque chose. Des romanciers qu'on ne

peut pourtant pas accuser de prétentions
révolutionnaires sont forcés de constater
certains changements. Un des meilleurs
romanciers anglais actuels, Henry Green,
fait observer que le centre de gravité du
roman se déplace : le dialogue y occupe
une place chaque jour plus grande. « C'est
aujourd'hui, écrit-il, le meilleur moyen de
fournir de la vie au lecteur. Ce sera, va-t-il
jusqu'à prédire, le support principal du
roman pour encore un long moment. »

Cette simple remarque, dans le silence
qui l'entoure, est pour notre obstiné le
rameau d'olivier. Elle lui fait aussitôt
reprendre courage. Elle va même jusqu'à
réveiller ses rêves les plus fous. Sans doute
l'explication que donne de ce changement
M. Henry Green risque-t-elle de détruire
tout ce que sa remarque contenait de promesses : c'est probablement, ajoute-t-il,
que « de nos jours les gens n'écrivent plus
de lettres. On se sert aujourd'hui du téléphone ». Quoi d'étonnant si, à leur tour,

les héros de romans deviennent si bavards...

Mais cette explication n'est décevante qu'en apparence. Il ne faut pas oublier en effet que M. Henry Green est anglais. On sait que la pudeur incite souvent ses compatriotes à parler sur ce ton de simplicité badine des choses graves. Ou peut-être est-ce là une pointe d'humour. Et peut-être aussi M. Henry Green, après une constatation si audacieuse, a-t-il éprouvé une certaine crainte : s'il poussait trop loin ses investigations jusqu'où ne pourrait-il pas se laisser entraîner ? N'arriverait-il pas à se demander si ce seul indice qu'il relève n'est pas le signe de bouleversements profonds qui pourraient remettre en question toute la structure traditionnelle du roman. Ne finirait-il pas par aller jusqu'à prétendre que les formes actuelles du roman craquent de toutes parts, suscitant, appelant des techniques neuves adaptées à de nouvelles formes. Or les mots « nouvelles formes », « techniques », sont plus immo-

destes encore et plus gênants à prononcer
que le mot lui-même de « psychologie ». Ils
vous font aussitôt taxer de présomption,
d'outrecuidance, et suscitent, tant chez les
critiques que chez les lecteurs, un sentiment de méfiance et d'agacement. Il est
donc plus décent et plus prudent de se contenter de parler du téléphone.

Mais le romancier qui nous occupe ne
peut, quelle que soit sa crainte de paraître
céder à une exaltation de mauvais aloi, se
contenter de cette explication. Car c'est
précisément surtout quand il s'agit de
faire parler ses personnages qu'il lui semble que quelque chose est en train de changer et qu'il lui paraît le plus difficile de se
servir des procédés jusqu'ici couramment
employés. Il doit y avoir entre la constatation de M. Henry Green et ses propres
impressions et ses répugnances autre chose
qu'une simple coïncidence. Et dès lors
voici que tout change : les troubles qu'il
éprouve ne seraient pas, comme on le lui

dit et comme il lui arrive dans ses moments
de dépression de le penser, ceux de la séni-
lité mais ceux de la croissance ; ses efforts
le feraient avancer dans le sens d'un grand
mouvement général. Et tous les arguments
invoqués contre ceux que Virginia Woolf
appelait les modernes se retourneraient à
leur avantage.

On ne peut, répète-t-on, refaire ce qu'ils
ont fait. Leurs techniques, aux mains de
ceux qui essaient de s'en servir, tournent
aussitôt au procédé ; le roman traditionnel,
au contraire, conserve une jeunesse éter-
nelle : ses formes généreuses et souples continuent, sans avoir besoin de subir de nota-
bles changements, à s'adapter à toutes les
nouvelles histoires, à tous les nouveaux
personnages et les nouveaux conflits qui
s'élèvent au sein des sociétés qui se succè-
dent, et c'est dans la nouveauté de ces personnages et de ces conflits que résident le
principal intérêt et le seul valable renouvellement du roman.

Et il est bien vrai qu'on ne peut refaire du Joyce ou du Proust, alors qu'on refait chaque jour à la satisfaction générale du Stendhal ou du Tolstoï. Mais n'est-ce pas d'abord parce que les modernes ont transporté ailleurs l'intérêt essentiel du roman ? Il ne se trouve plus pour eux dans le dénombrement des situations et des caractères ou dans la peinture des mœurs, mais dans la mise au jour d'une matière psychologique nouvelle. C'est la découverte ne serait-ce que de quelques parcelles de cette matière, une matière anonyme qui se trouve chez tous les hommes et dans toutes les sociétés, qui constitue pour eux et pour leurs successeurs le véritable renouvellement. Retravailler derrière eux la même matière et se servir par conséquent, sans les modifier en rien, de leurs procédés, serait à peu près aussi absurde que, pour les partisans du roman traditionnel, de refaire avec les mêmes personnages, les mêmes intrigues et dans le même style *Le Rouge et le Noir* ou *Guerre et Paix*.

D'autre part, les techniques dont se servent aujourd'hui, avec des résultats parfois encore admirables, les partisans de la tradition, inventées autrefois par les romanciers pour explorer la matière inconnue qui s'offrait à leurs regards et parfaitement adaptées à ce but, ces techniques ont fini par constituer un système de conventions et de croyances très solide, cohérent, bien construit et bien clos : un univers ayant ses lois propres et qui se suffit à lui-même. Par la force de l'habitude, par l'autorité que lui ont conférée au cours des siècles les grandes œuvres auxquelles il a donné naissance, il est devenu une seconde nature. Il a pris un aspect nécessaire et éternel. Si bien qu'aujourd'hui encore, ceux-mêmes, auteurs ou lecteurs, qui ont été le plus troublés par tous les bouleversements qui se sont produits depuis quelque temps hors de son épaisse enceinte, dès l'instant qu'ils y pénètrent, s'y laissent docilement enfermer, s'y sentent très vite chez eux, acceptent toutes ses limitations, se plient à toutes ses contraintes et ne songent plus à s'en évader.

Mais les modernes qui ont voulu s'arracher à ce système et en arracher leurs lecteurs, en se délivrant de ses contraintes ont perdu la protection et la sécurité qu'il offrait. Le lecteur, privé de tous ses jalons habituels et de ses points de repère, soustrait à toute autorité, mis brusquement en présence d'une matière inconnue, désemparé et méfiant, au lieu de s'abandonner les yeux fermés comme il aime tant à le faire, a été obligé de confronter à tout moment ce qu'on lui montrait avec ce qu'il voyait par lui-même.

Il n'a pas dû peu s'étonner alors, soit dit en passant, de l'opacité des conventions romanesques qui avaient réussi à masquer pendant si longtemps ce qui aurait dû crever tous les yeux. Mais ayant bien regardé et jugé en toute indépendance, il n'a pas pu s'en tenir là. Les modernes, en réveillant

ses facultés de pénétration, ont réveillé du
même coup ses exigences et aiguisé sa
curiosité.

Il a voulu regarder encore plus loin ou,
si l'on aime mieux, d'encore plus près. Et
il n'a pas été long à apercevoir ce qui se
dissimule derrière le monologue intérieur :
un foisonnement innombrable de sensations, d'images, de sentiments, de souvenirs, d'impulsions, de petits actes larvés
qu'aucun langage intérieur n'exprime, qui
se bousculent aux portes de la conscience,
s'assemblent en groupes compacts et sur-
gissent tout à coup, se défont aussitôt, se
combinent autrement et réapparaissent
sous une nouvelle forme, tandis que continue à se dérouler en nous, pareil au ruban
qui s'échappe en crépitant de la fente d'un
téléscripteur, le flot ininterrompu des mots.

Pour ce qui est de Proust, il est vrai
que ce sont précisément ces groupes com-
posés de sensations, d'images, de sentiments, de souvenirs qui, traversant ou

côtoyant le mince rideau du monologue
intérieur, se révèlent brusquement au-
dehors dans une parole en apparence insi-
gnifiante, dans une simple intonation ou
un regard, qu'il s'est attaché à étudier.
Mais — si paradoxal que cela puisse sem-
bler à ceux qui lui reprochent aujourd'hui
encore son excessive minutie — il nous apparaît déjà qu'il les a observés d'une grande
distance, après qu'ils ont eu accompli leur
course, au repos, et comme figés dans le
souvenir. Il a essayé de décrire leurs posi-
tions respectives comme s'ils étaient des
astres dans un ciel immobile. Il les a consi-
dérés comme un enchaînement d'effets et
de causes qu'il s'est efforcé d'expliquer. Il
a rarement — pour ne pas dire jamais —
essayé de les revivre et de les faire revivre
au lecteur dans le présent, tandis qu'ils
se forment et à mesure qu'ils se développent comme autant de drames minuscules
ayant chacun ses péripéties, son mystère
et son imprévisible dénouement.

C'est cela sans doute qui a fait dire à Gide qu'il a amassé la matière première d'une œuvre plutôt qu'il n'a réalisé l'œuvre elle-même, et qui lui a valu le grand reproche, que lui font aujourd'hui encore ses adversaires, d'avoir fait de « l'analyse », c'est-à-dire d'avoir, dans les parties les plus neuves de son œuvre, incité le lecteur à faire fonctionner son intelligence au lieu de lui avoir donné la sensation de revivre une expérience, d'accomplir lui-même, sans trop savoir ce qu'il fait ni où il va, des actions — ce qui a toujours été et ce qui est encore le propre de toute œuvre romanesque.

Mais n'est-ce pas là reprocher à Christophe Colomb de n'avoir pas construit le port de New York ?

Ceux qui viennent après lui et qui veulent essayer de faire revivre au lecteur, à mesure qu'elles se déroulent, ces actions souterraines, rencontrent ici quelques difficultés. Car ces drames intérieurs faits

d'attaques, de triomphes, de reculs, de dé-
faites, de caresses, de morsures, de viols, de
meurtres, d'abandons généreux ou d'humbles soumissions, ont tous ceci de commun,
qu'ils ne peuvent se passer de partenaire.

Souvent c'est un partenaire imaginaire surgi de nos expériences passées ou
de nos rêveries, et les combats ou les
amours entre lui et nous, par la richesse de
leurs péripéties, par la liberté avec laquelle
ils se déploient et les révélations qu'ils
apportent sur notre structure intérieure
la moins apparente, peuvent constituer
une très précieuse matière romanesque.

Il n'en reste pas moins que l'élément
essentiel de ces drames est constitué par le
partenaire réel.

C'est ce partenaire en chair et en os qui
nourrit et renouvelle à chaque instant
notre stock d'expériences. C'est lui le cata-
lyseur par excellence, l'excitant grâce auquel ces mouvements se déclenchent, l'obs-
tacle qui leur donne de la cohésion, qui les

empêche de s'amollir dans la facilité et la
gratuité ou de tourner en rond dans la pau-
vreté monotone de la manie. Il est la menace, le danger réel et aussi la proie qui
développe leur vivacité et leur souplesse ;
l'élément mystérieux dont les réactions
imprévisibles, en les faisant repartir à tout
instant et se développer vers une fin inconnue, accentuent leur caractère dramatique.

Mais, en même temps qu'afin de toucher
ce partenaire, ils montent de nos recoins
obscurs vers la lumière du jour, une crainte
les refoule vers l'ombre. Ils font penser à
ces petites bêtes grises qui se cachent dans
les trous humides. Ils sont honteux et pru-
dents. Le moindre regard les fait fuir. Ils
ont besoin, pour s'épanouir, d'anonymat
et d'impunité.

Aussi ne se montrent-ils guère au-dehors
sous forme d'actes. Les actes, en effet, se
déploient en terrain découvert et dans la
lumière crue du grand jour. Les plus infimes d'entre eux, comparés à ces délicats et

minuscules mouvements intérieurs, paraissent grossiers et violents : ils attirent aussitôt les regards. Toutes leurs formes sont
depuis longtemps étudiées et classées ; ils
sont soumis à une réglementation minu-
tieuse, à un contrôle de chaque instant.
Enfin de grands mobiles très évidents et
connus, de grosses cordes bien visibles font
marcher toute cette énorme et lourde
machinerie [1].

1. Ce sont ces gros mobiles, ces vastes mouvements
très apparents et eux seuls, que voient d'ordinaire
les auteurs et les lecteurs, entraînés dans le mouvement de l'action et talonnés par l'intrigue, des romans behavioristes. Ils n'ont ni le temps ni le moyen
— ne disposant d'aucun instrument d'investigation
assez délicat — de voir avec exactitude les mouvements plus fugitifs et plus fins que ces grands mouvements pourraient dissimuler.

Aussi comprend-on la répugnance qu'éprouvent
ces auteurs pour ce qu'ils nomment « l'analyse », qui
consisterait pour eux à montrer ces grands mobiles
bien visibles, à mâcher ainsi à leurs lecteurs une besogne déjà trop facile et à se donner à eux-mêmes
l'impression désagréable d'enfoncer des portes ou-
vertes.

Il est curieux cependant d'observer comment,

Mais, à défaut d'actes, nous avons à notre disposition les paroles. Les paroles possèdent les qualités nécessaires pour capter, protéger et porter au-dehors ces mouvements souterrains à la fois impatients et craintifs.

Elles ont pour elles leur souplesse, leur liberté, la richesse chatoyante de leurs nuances, leur transparence ou leur opacité.

pour échapper à l'ennui de tourner dans le cercle étroit des actions habituelles où ils ne trouvent vraiment plus grand-chose à glaner, pris du désir propre à tout romancier de conduire leurs lecteurs vers des régions inconnues, hantés malgré tout par l'existence des « endroits obscurs », mais toujours fermement persuadés que l'acte seul les révèle, ils poussent leurs personnages à accomplir des actions insolites et monstrueuses que le lecteur alors, confortablement installé dans sa bonne conscience et ne retrouvant dans ces actes criminels rien de ce qu'il a appris à voir dans ses propres conduites, considère avec une curiosité orgueilleuse et horrifiée, puis écarte paisiblement pour retourner à ses moutons, comme il fait chaque matin et chaque soir après avoir lu les faits divers des journaux, sans que l'ombre épaisse qui baigne ses propres régions obscures en ait été un instant dissipée.

Leur flot rapide, abondant, miroitant et mouvant permet aux plus imprudentes d'entre elles de glisser, de se laisser entraîner et de disparaître au plus léger signe de danger. Mais elles ne courent guère de dangers. Leur réputation de gratuité, de légèreté, d'inconséquence — ne sont-elles pas l'instrument par excellence des passetemps frivoles et des jeux — les protège des soupçons et des examens minutieux : nous nous contentons en général à leur égard d'un contrôle de pure forme ; elles sont soumises à une réglementation assez lâche ; elles entraînent rarement de graves sanctions.

Aussi, pourvu qu'elles présentent une apparence à peu près anodine et banale, elles peuvent être et elles sont souvent en effet, sans que personne y trouve à redire, sans que la victime elle-même ose clairement se l'avouer, l'arme quotidienne, insidieuse et très efficace, d'innombrables petits crimes.

Car rien n'égale la vitesse avec laquelle elles touchent l'interlocuteur au moment où il est le moins sur ses gardes, ne lui donnant souvent qu'une sensation de chatouillement désagréable ou de légère brûlure, la précision avec laquelle elles vont tout droit en lui aux points les plus secrets et les plus vulnérables, se logent dans ses replis les plus profonds, sans qu'il ait le désir ni le moyen ni le temps de riposter. Mais, déposées en lui, elles enflent, elles explosent, elles provoquent autour d'elles des ondes et des remous qui, à leur tour, montent, affleurent et se déploient au-dehors en paroles. Par ce jeu d'actions et de réactions qu'elles permettent, elles constituent pour le romancier le plus précieux des instruments.

Et voilà pourquoi sans doute, comme le constate Henry Green, les personnages de roman deviennent si bavards.

Mais ce dialogue qui tend de plus en plus à prendre dans le roman moderne la

place que l'action abandonne, s'accom-
mode mal des formes que lui impose le
roman traditionnel. Car il est surtout la
continuation au-dehors des mouvements
souterrains : ces mouvements, l'auteur —
et avec lui le lecteur — devrait les faire en
même temps que le personnage, depuis le
moment où ils se forment jusqu'au moment
où, leur intensité croissante les faisant surgir à la surface, ils s'enrobent, pour toucher
l'interlocuteur et se protéger contre les
dangers du dehors, de la capsule protec-
trice des paroles.

Rien ne devrait donc rompre la conti-
nuité de ces mouvements, et la transfor-
mation qu'ils subissent devrait être du
même ordre que celle que subit un rayon
lumineux quand, passant d'un milieu dans
un autre, il est réfracté et s'infléchit.

Dès lors, rien n'est moins justifié que ces
grands alinéas, ces tirets par lesquels on a
coutume de séparer brutalement le dialogue de ce qui le précède. Même les deux

points et les guillemets sont encore trop
apparents, et l'on comprend que certains
romanciers (Joye Cary notamment) s'efforcent de fondre, dans la mesure du possible,
le dialogue avec son contexte en marquant
simplement la séparation par une virgule
suivie d'une majuscule.

Mais plus gênants encore et plus difficilement défendables que les alinéas, les tirets,
les deux points et les guillemets, sont les
monotones et gauches : dit Jeanne, répon-
dit Paul, qui parsèment habituellement le
dialogue ; ils deviennent de plus en plus
pour les romanciers actuels ce qu'étaient
pour les peintres, juste avant le cubisme, les
règles de la perspective : non plus une nécessité, mais une encombrante convention.

Aussi est-il curieux de voir comment
aujourd'hui ceux-mêmes des romanciers
qui ne veulent pas se mettre — inutile-
ment, pensent-ils — martel en tête, et
continuent à se servir avec une heureuse
assurance des procédés du vieux roman,

semblent ne pas pouvoir échapper sur ce
point précis à un certain sentiment de
malaise. On dirait qu'ils ont perdu cette
certitude d'être dans leur bon droit,
cette inconscience innocente qui donnaient
aux : « dit, reprit, répliqua, rétorqua, s'excla-
ma, etc. », dont Mme de La Fayette ou
Balzac émaillaient allégrement leurs dialogues, cet air d'être solidement à leur
place, indispensables et allant parfaitement de soi, qui nous les fait accepter aussitôt sans sourciller, sans même nous en
rendre compte, quand nous relisons encore
aujourd'hui ces auteurs. Combien auprès
d'eux les romanciers actuels, au moment
d'employer ces mêmes formules, semblent
self-conscious, inquiets et peu sûrs d'eux.

Tantôt — comme les gens qui préfèrent
afficher et même accentuer leurs défauts
pour courir au-devant du danger et désarmer les critiques — ils renoncent avec osten-
tation à ces subterfuges (qui leur paraissent aujourd'hui trop grossiers et trop

faciles) dont se servaient ingénument les vieux auteurs et qui consistaient à varier continuellement leurs formules, et exhibent la monotonie et la gaucherie du procédé en répétant inlassablement, avec une négligence ou une naïveté affectées : dit Jeanne, dit Paul, dit Jacques, ce qui n'a d'autre résultat que de fatiguer et d'agacer encore davantage le lecteur.

Tantôt ils essaient d'escamoter ce malencontreux « dit Jeanne », « répliqua Paul », en le faisant suivre à tout bout de champ des derniers mots répétés du dialogue : « Non, dit Jeanne, non » ou : « C'est fini, dit Paul, c'est fini. » Ce qui donne aux paroles des personnages un ton solennel et chargé d'émotion qui ne répond visiblement pas à l'intention de l'auteur. Tantôt encore, ils suppriment autant que possible cet appendice encombrant en introduisant à tout instant le dialogue par le plus factice encore, et qu'aucune nécessité interne, on le sent, n'exige : Jeanne sourit : « Je vous laisse le choix » ou : Madeleine le regarda : « C'est moi qui l'ai fait. »

Tous ces recours à de trop apparents subterfuges, ces attitudes embarrassées, sont pour les partisans des modernes d'un grand réconfort. Ils y voient des signes précurseurs, la preuve que quelque chose se défait, que s'infiltre insidieusement dans l'esprit des tenants du roman traditionnel un doute sur le bien-fondé de leurs droits, un scrupule à jouir de leur héritage, qui fait d'eux, sans qu'ils s'en rendent compte, comme des classes privilégiées avant les révolutions, les agents des bouleversements futurs.

Ce n'est en effet pas un hasard que ce soit au moment d'employer ces brèves formules, en apparence si anodines, qu'ils se sentent le plus mal à l'aise. C'est qu'elles sont en quelque sorte le symbole de l'ancien régime, le point où se séparent avec le plus de netteté la nouvelle et l'ancienne conception du roman. Elles marquent la place à laquelle le romancier a toujours situé ses personnages : en un point aussi éloigné de lui-même que des lecteurs ; à la place où se trouvent les joueurs d'un match de tennis, le romancier étant à celle de l'arbitre juché sur son siège, surveillant le jeu et annonçant les points aux spectateurs (en l'occurrence les lecteurs), installés sur les gradins.

Ni le romancier ni les lecteurs ne descendent de leur place pour jouer eux-mêmes le jeu comme s'ils étaient l'un ou l'autre des joueurs.

Et ceci demeure vrai quand le personnage s'exprime à la première personne, dès l'instant où il fait suivre ses propres paroles de : dis-je, m'écriai-je, répondis-je, etc. Il montre par là qu'il n'exécute pas lui-même et ne fait pas exécuter à ses lecteurs les mouvements intérieurs qui préparent le dialogue depuis le moment où ils prennent naissance jusqu'au moment où ils apparaissent au-dehors, mais que, se pla-

5

çant à distance de lui-même, il fait surgir ce dialogue devant un lecteur insuffisamment préparé qu'il est obligé d'avertir.

Placé ainsi au-dehors et à distance de ses personnages, le romancier peut adopter des procédés allant de celui des behavioristes à celui de Proust.

Il peut, comme les behavioristes, faire parler sans aucune préparation ses personnages, se tenant à une certaine distance, se bornant à paraître enregistrer leurs dialogues, et se donnant ainsi l'impression de les laisser vivre d'une « vie propre ».

Mais rien n'est plus trompeur que cette impression.

Car le petit appendice dont le romancier fait suivre leurs paroles, s'il montre que l'auteur lâche la bride à ses créatures, rappelle en même temps qu'il conserve toujours fermement les rênes en mains. Ces : dit, reprit, etc. délicatement intercalés au milieu du dialogue ou le prolongeant harmonieusement, rappellent discrètement

que l'auteur est toujours là, que ce dialogue de roman, malgré ses allures indépen-
dantes, ne peut, comme le fait le dialogue
de théâtre, se passer de lui et se tenir en
l'air tout seul ; ils sont le lien léger mais
solide qui rattache et soumet le style et le
ton des personnages au style et au ton de
l'auteur.

Quant aux fameuses implications et indications en creux que pensent obtenir en
s'abstenant de toute explication les partisans de ce système, il serait curieux de
demander au plus averti et au plus sensible des lecteurs de révéler sincèrement ce
qu'il perçoit, abandonné ainsi à lui-même,
sous les paroles des personnages. Que
devine-t-il de toutes ces actions minuscules
qui sous-tendent et poussent en avant le
dialogue et lui donnent sa véritable signification ? Il est certain que la souplesse,
la finesse, la variété, l'abondance des paroles permet au lecteur de pressentir derrière
elles des mouvements plus nombreux, plus

subtils et plus secrets que ceux qu'il peut
découvrir sous les actes. On serait néan-
moins surpris de la simplicité, de la grossièreté et de l'à-peu-près de ses divinations.

Mais on aurait tort de s'en prendre au
lecteur.

Car, pour rendre ce dialogue bien « vivant » et plausible, ces romanciers lui donnent la forme conventionnelle qu'il a dans
la vie courante : il rappelle trop alors au
lecteur ceux qu'il a l'habitude d'enregistrer lui-même à la hâte, sans se poser beaucoup de questions, sans chercher, comme il
dirait, midi à quatorze heures (il n'en a ni
le temps ni les moyens, et c'est là précisément tout le travail de l'auteur), se conten-
tant de ne percevoir derrière les paroles
que ce qui lui permet de régler tant bien
que mal ses propres conduites, évitant de
s'attarder morbidement sur de vagues et
douteuses impressions.

Bien plus, ce que le lecteur découvre sous
ces dialogues romanesques — si lourds de

sens secrets qu'ait pu les vouloir leur auteur — est peu de chose auprès de ce qu'il
peut lui-même découvrir quand, partici-
pant au jeu, tous ses instincts de défense
et d'attaque en éveil, excité et sur le qui-
vive, il observe et écoute ses interlocu-
teurs.

C'est peu de chose surtout auprès de ce
que révèle au spectateur le dialogue de
théâtre.

Car le dialogue de théâtre, qui se passe
de tuteurs, où l'auteur ne fait pas à tout
moment sentir qu'il est là, prêt à donner
un coup de main, ce dialogue qui doit se
suffire à lui-même et sur lequel tout repose,
est plus ramassé, plus dense, plus tendu et
survolté que le dialogue romanesque : il
mobilise davantage toutes les forces du
spectateur.

Et surtout les acteurs sont là pour lui
mâcher la besogne. Tout leur travail consiste justement à retrouver et à reproduire
en eux-mêmes, au prix de grands et longs

efforts, les mouvements intérieurs infimes et compliqués qui ont propulsé le dialogue, qui l'alourdissent, le gonflent et le tendent, et, par leurs gestes, leurs mimiques, leurs intonations, leurs silences, à communiquer ces mouvements aux spectateurs.

Les romanciers behavioristes, qui se servent abondamment de dialogues sertis de brèves indications ou de discrets commentaires, poussent dangereusement le roman sur le domaine du théâtre, où il ne peut que se trouver en état d'infériorité. Et, renonçant aux moyens dont seul le roman dispose, ils renoncent à ce qui fait de lui un art à part, pour ne pas dire un art tout court.

Reste alors la méthode opposée, celle de Proust : le recours à l'analyse. Elle a sur la précédente en tout cas cet avantage de maintenir le roman sur le terrain qui lui est propre et de se servir de moyens que seul le roman peut offrir ; et puis elle tend à apporter aux lecteurs ce qu'ils sont

en droit d'attendre du romancier : un ac-
croissement de leur expérience non pas en
étendue (cela leur est donné à meilleur
compte et de façon plus efficace par le
document et le reportage), mais en profondeur. Et surtout elle ne conduit pas, sous
le couvert de soi-disant renouvellements, à
se cramponner au passé, mais s'ouvre lar-
gement sur l'avenir.

Pour ce qui est, en particulier, du dialogue, Proust lui-même dont il n'est pas
exagéré de dire qu'il a plus qu'aucun autre
romancier excellé dans les descriptions
très minutieuses, précises, subtiles, au
plus haut degré évocatrices, des jeux de
physionomie, des regards, des moindres
intonations et inflexions de voix de ses personnages, renseignant le lecteur, presque
aussi bien que pourrait le faire le jeu des
acteurs, sur la signification secrète de
leurs paroles, Proust ne se contente pour
ainsi dire jamais de simples descriptions et
n'abandonne que rarement le dialogue à la

libre interprétation des lecteurs. Il ne le
fait que lorsque le sens apparent de leurs
paroles recouvre exactement leur sens
caché. Qu'il y ait entre la conversation et
la sous-conversation le plus léger décalage,
qu'elles ne se recouvrent pas tout à fait, et
aussitôt il intervient, tantôt avant que le
personnage parle, tantôt dès qu'il a parlé,
pour montrer tout ce qu'il voit, expliquer
tout ce qu'il sait, et il ne laisse au lecteur
d'autre incertitude que celle qu'il est forcé
d'avoir lui-même, malgré tous ses efforts,
sa situation privilégiée, les puissants instruments d'investigation qu'il a créés.

Mais ces mouvements innombrables et
minuscules qui préparent le dialogue sont
pour Proust, à la place d'où il les observe,
ce que sont, pour le cartographe qui étudie
une région en la survolant, les vagues et les
remous des cours d'eau ; il ne voit et ne
reproduit que les grandes lignes immobiles
que ces mouvements composent, les points
où ces lignes se joignent, se croisent ou se

séparent ; il reconnaît parmi elles celles
qui sont déjà explorées et les désigne par
leurs noms connus : jalousie, snobisme,
crainte, modestie, etc. ; il décrit, classe
et nomme celles qu'il a découvertes ; il
cherche à dégager de ses observations des
principes généraux. Sur cette vaste carte
géographique, représentant des régions
pour la plupart encore peu explorées, qu'il
déploie devant ses lecteurs, ceux-ci, les
yeux fixés sur la pointe de sa baguette
avec toute l'attention dont ils sont capa-
bles, s'efforcent de bien voir, de bien rete-
nir, de bien comprendre, et se sentent
récompensés de leurs peines lorsqu'ils ont
réussi à reconnaître et à suivre des yeux
jusqu'au bout ces lignes souvent nom-
breuses et sinueuses, quand, pareilles à des
fleuves qui se jettent dans la mer, elles se
croisent, se séparent et se mêlent dans la
masse du dialogue.

Mais en faisant appel à l'attention volontaire du lecteur, à sa mémoire, en s'adres-

sant sans cesse à ses facultés de compréhension et de raisonnement, cette méthode
renonce du même coup à tout ce sur quoi
les behavioristes, avec un optimisme exagéré, fondent tous leurs espoirs : cette part
de liberté, d'inexprimable, de mystère, ce
contact direct et purement sensible avec
les choses, qui doivent faire se déployer
les forces instinctives du lecteur, les res-
sources de son inconscient et ses pouvoirs
de divination.

S'il est certain que les résultats qu'ob-
tiennent les behavioristes en faisant appel
à ces forces aveugles — même dans celles
de leurs œuvres où les implications sont le
plus riches et les indications en creux le
plus profondes — sont infiniment plus pauvres qu'ils ne veulent le croire, il n'en
demeure pas moins que ces forces existent
et qu'une des qualités de l'œuvre romanesque est de leur permettre, aussi, de se déployer.

Cependant, malgré ces reproches assez

graves qu'on peut faire à l'analyse, il est difficile de s'en détourner aujourd'hui sans tourner le dos au progrès.

Ne vaut-il pas mieux essayer, en dépit de tous les obstacles et de toutes les déceptions possibles, de perfectionner pour l'adapter à de nouvelles recherches un instrument qui, perfectionné à son tour par des hommes nouveaux, leur permettra de décrire de façon plus convaincante, avec plus de vérité et de vie des situations et des sentiments neufs, plutôt que de s'accommoder de procédés faits pour saisir ce qui n'est plus aujourd'hui que l'apparence, et de tendre à fortifier toujours plus le penchant naturel de chacun pour le trompe-l'œil ?

Il est donc permis de rêver — sans se dissimuler tout ce qui sépare ce rêve de sa réalisation — d'une technique qui parviendrait à plonger le lecteur dans le flot de ces drames souterrains que Proust n'a eu le temps que de survoler et dont il n'a observé et reproduit que les grandes lignes immobiles : une technique qui donnerait au lecteur l'illusion de refaire lui-même ces actions avec une conscience plus lucide, avec plus d'ordre, de netteté et de force qu'il ne peut le faire dans la vie, sans qu'elles perdent cette part d'indétermination, cette opacité et ce mystère qu'ont toujours ses actions pour celui qui les vit.

Le dialogue, qui ne serait pas autre chose que l'aboutissement ou parfois une des phases de ces drames, se délivrerait alors tout naturellement des conventions et des contraintes que rendaient indispensables les méthodes du roman traditionnel. C'est insensiblement, par un changement de rythme ou de forme, qui épouserait en l'accentuant sa propre sensation, que le lecteur reconnaîtrait que l'action est passée du dedans au-dehors.

Le dialogue, tout vibrant et gonflé par ces mouvements qui le propulsent et le sous-tendent, serait, quelle que soit sa bana-

lité apparente, aussi révélateur que le dialogue de théâtre.

Il ne s'agit là, évidemment, que de recherches possibles et d'espoirs.

Cependant ces problèmes que le dialogue pose de façon chaque jour plus pres-
sante à tous les romanciers, qu'ils veuil-
lent ou non le reconnaître, ont été jusqu'à
un certain point résolus, mais de manière
très différente, par un écrivain anglais
encore peu connu ici, Ivy Compton-Burnett.

La solution absolument originale, à la
fois élégante et forte, qu'elle a su leur donner, suffirait pour lui faire mériter la place
qui lui est attribuée depuis quelques années
par la critique anglaise unanime et par
une certaine partie du public anglais : celle
d'un des plus grands romanciers que l'An-
gleterre ait jamais eus.

On ne peut qu'admirer le discernement
d'une critique et d'un public qui ont su
voir la nouveauté et l'importance d'une
œuvre déconcertante à bien des égards.

Rien de moins actuel, en effet, que les
milieux que décrit Ivy Compton-Burnett
(la riche bourgeoisie et la petite noblesse
anglaise entre les années 1880 et 1900),
rien de plus limité que le cercle familial où
se meuvent ses personnages, ni de plus
désuet que les descriptions de leur aspect
physique par lesquelles elle les présente,
ni de plus surprenant que la désinvolture
avec laquelle elle dénoue, suivant les procédés les plus conformistes, ses intrigues
et l'opiniâtreté monotone avec laquelle, au
long de quarante années de travail et à travers vingt ouvrages, elle pose et résout de
façon identique les mêmes problèmes.

Mais ses livres ont ceci d'absolument
neuf, c'est qu'ils ne sont qu'une longue
suite de dialogues. L'auteur, là encore, les
présente suivant la manière traditionnelle,
se tenant à distance de ses personnages, à
une grande distance cérémonieuse, se bornant le plus souvent, comme le font les
behavioristes, à reproduire simplement

leurs paroles et à renseigner tranquille-
ment le lecteur, sans chercher à varier ses
formules, au moyen du monotone : dit X.,
dit Y.

Mais ces dialogues sur lesquels tout
repose n'ont rien de commun avec ces brefs
colloques allègres et ressemblants qui,
réduits à eux-mêmes ou accompagnés de
quelques explications cursives, menacent
de faire penser chaque jour davantage à
ces petits nuages circonscrits d'un trait
épais qui sortent de la bouche des personnages sur les dessins des comics.

Ces longues phrases guindées, à la fois
rigides et sinueuses, ne rappellent aucune
conversation entendue. Et pourtant, si
elles paraissent étranges, elles ne donnent
jamais une impression de fausseté ou de
gratuité.

C'est qu'elles se situent non dans un lieu
imaginaire, mais dans un lieu qui existe
dans la réalité : quelque part sur cette limite
fluctuante qui sépare la conversation de la

sous-conversation. Les mouvements intérieurs, dont le dialogue n'est que l'aboutissement et pour ainsi dire l'extrême pointe,
d'ordinaire prudemment mouchetée pour
affleurer au-dehors, cherchent ici à se déployer dans le dialogue même. Pour résister
à leur pression incessante et pour les contenir, la conversation se raidit, se guinde,
prend cette allure précautionneuse et
ralentie. Mais c'est sous leur pression qu'elle
s'étire et se tord en longues phrases sinueuses. Un jeu serré, subtil, féroce, se joue
entre la conversation et la sous-conversation.

Le plus souvent, le dedans l'emporte : à
tout moment quelque chose affleure, s'étale,
disparaît et revient, quelque chose est là
qui menace à chaque instant de tout faire
éclater. Le lecteur, sans cesse tendu, aux
aguets, comme s'il était à la place de celui
à qui les paroles s'adressent, mobilise tous
ses instincts de défense, tous ses dons d'intuition, sa mémoire, ses facultés de juge-

ment et de raisonnement : un danger se
dissimule dans ces phrases douceâtres, des
impulsions meurtrières s'insinuent dans
l'inquiétude affectueuse, une expression
de tendresse distille tout à coup un subtil
venin.

Il arrive que la conversation ordinaire
paraisse l'emporter, qu'elle refoule trop
loin la sous-conversation. Alors parfois, au
moment où le lecteur croit pouvoir enfin
se détendre, l'auteur sort tout à coup de son
mutisme et intervient pour l'avertir briè-
vement et sans explication que tout ce qui
vient d'être dit était faux.

Mais le lecteur n'est que rarement tenté
de se départir de sa vigilance. Il sait qu'ici
chaque mot compte. Les dictons, les cita-
tions, les métaphores, les expressions toutes
faites ou pompeuses ou pédantes, les pla-
titudes, les vulgarités, les maniérismes, les
coq-à-l'âne qui parsèment habilement ces
dialogues ne sont pas, comme dans les romans ordinaires, des signes distinctifs que

l'auteur épingle sur les caractères des personnages pour les rendre mieux reconnais
sables, plus familiers et plus « vivants » : ils
sont ici, on le sent, ce qu'ils sont dans
la réalité : la résultante de mouvements
montés des profondeurs, nombreux, em-
mêlés, que celui qui les perçoit au-dehors
embrasse en un éclair et qu'il n'a ni le
temps ni le moyen de séparer et de nom-
mer.

Sans doute cette méthode se contente-
t-elle de faire soupçonner à chaque instant
au lecteur l'existence, la complexité et la
variété des mouvements intérieurs. Elle
ne les fait pas connaître comme pourraient
y parvenir les techniques qui plongeraient
le lecteur dans leur flot et le feraient navi-
guer parmi leurs courants. Elle a du moins
sur ces techniques cette supériorité, d'avoir
pu atteindre d'emblée la perfection. Et
par là elle a réussi à porter au dialogue traditionnel le plus rude coup qu'il ait subi
jusqu'ici.

Il est évident que cette technique, comme aussi toutes les autres, paraîtra un jour prochain ne pouvoir plus décrire que l'apparence. Et rien n'est plus réconfortant et plus stimulant que cette pensée. Ce sera le signe que tout est pour le mieux, que la vie continue et qu'il faut non pas revenir en arrière, mais s'efforcer d'aller plus avant.

N. N. R. F., janvier, février 1956.

Ce que voient les oiseaux

De tous les beaux sujets de méditation que nous offre l'attitude du public à l'égard des œuvres littéraires, et notamment du roman, certainement un des plus beaux est l'admiration, l'amour unanime et sans réserves de ce public, par ailleurs si divisé, si fluctuant, si capricieux, pour les chefs-d'œuvre consacrés. Il s'agit, cela va sans dire, non des lecteurs qui admirent de confiance, sur la foi des connaisseurs, mais de ceux à qui ces œuvres paraissent être si familières qu'on est bien obligé de croire qu'ils trouvent à les fréquenter un réel plaisir.

On sait quelles belles qualités il est con-

venu de penser que ce plaisir suppose chez
ceux qui l'éprouvent. Il faudrait s'émer-
veiller. Et pourtant, on hésite. Les admirateurs de ces ouvrages en parlent souvent
d'une façon si étrange... On est déconcerté
par ces détails sans importance dont ils
paraissent avoir été surtout frappés, qu'ils
semblent avoir surtout retenus : des futi-
lités qu'ils pourraient trouver aussi bien
dans des œuvres dénuées de toute valeur
littéraire — tels que particularités phy-
siques, tics, traits de caractère de certains
personnages, anecdotes, usages mondains,
conseils pratiques, recettes pour réussir,
règles de conduites, etc. — qui font un
peu penser à cette réflexion que Rilke rapporte avoir entendue devant un portrait
de la femme de Cézanne : « Comment a-t-il
pu épouser un pareil laideron ? » ou à cette
autre devant une toile de Van Gogh : « Pauvre homme, on voit bien qu'il vient d'être
saisi. »

Mais, à y réfléchir, des remarques de

cette sorte n'ont rien de bien inquiétant.
Elles devraient plutôt rassurer. Ce ne sont
peut-être là que ces manières familières
et quelque peu désinvoltes qui révèlent
une grande intimité. Cette façon de mettre
en valeur des détails sans importance laisse
peut-être entendre qu'on tient pour acquis
et trop bien connu ce qui fait le véritable
intérêt de ces ouvrages. Ou peut-être est-ce
par un sentiment de pudeur qu'on évite
de parler de ce qui tient trop au cœur ; ou
bien il y a là une pointe de snobisme, le
besoin — comme chez ce personnage de
Babbitt qui disait aimer surtout Rome pour
ces délicieux fettucine qu'on peut trouver
dans une petite trattoria de la Via della
Scrofa — de se montrer averti et blasé.

Il n'y a rien là, en tout cas, de bien grave,
rien qui vaille la peine qu'on rompe par
des intrusions indiscrètes le secret du tête-
à-tête éminemment respectable des chefs-
d'œuvre de la littérature avec leurs lecteurs ; et l'on s'empresserait de jeter sur

cette union, si digne de tous les encouragements, le voile tissé de pudeur, de confiance
et de respect, dont on a coutume de recouvrir les unions légitimes, s'il ne se produi-
sait de temps à autre quelque chose de
vraiment troublant.

Il arrive de temps en temps qu'une sorte
de vertige, explicable chez des gens occu-
pés à tant lire, prenne les plus écoutés des
critiques : ils se mettent tout à coup à crier
au chef-d'œuvre, à porter aux nues un
ouvrage dénué de toute valeur littéraire,
comme le prouvera, quelque temps après,
l'indifférence, puis l'oubli où sa faiblesse
ne manquera pas de le faire glisser.

Alors, à leur suite, un véritable raz-de-
marée soulève le public et le porte au som-
met de l'admiration et de l'enthousiasme.

On est stupéfait de voir avec quelle
avidité, tous les interdits étant levés, les
amateurs les plus fidèles et les plus enthou-
siastes des chefs-d'œuvre de la littérature,
ceux qui se montrent d'ordinaire, en pré-

sence d'une œuvre nouvelle, si fermés, si
sévères, si délicats, dévorent ces ouvrages
comme s'ils étaient la plus succulente
des nourritures. Plus succulente même,
avouent-ils (et pourquoi se cacheraient-ils
d'un goût que les critiques les plus respectés
ont partagé ?) que celles que leur offrent
les grandes œuvres du passé. Ici aucune
accommodation n'est nécessaire ; on entre
sans effort, on se trouve aussitôt de plain-
pied ; les personnages nous ressemblent
ou ressemblent aux gens que nous con-
naissons ou bien à ce que nous pensons que
doivent être ceux de nos contemporains
que nous aimerions connaître ; leurs sentiments, leurs idées, leurs conflits, les situations où ils se trouvent, les problèmes qu'ils
ont à résoudre, leurs espoirs et leurs déses-
poirs sont les nôtres. On se sent dans leur
vie comme un poisson dans l'eau. En vain
quelques esprits sophistiqués, quelques
inadaptés montrent-ils une certaine réti-
cence. C'est le manque d'art, disent-ils, de

façon aussi vague que prétentieuse, qui les gêne. Ou peut-être la faiblesse du style. On les rabroue aussitôt ; ils s'attirent la désapprobation générale, ils suscitent autour d'eux la méfiance et l'hostilité. Ils se font traiter de partisans de l'art pour l'art. Accuser de formalisme. Et il faut dire qu'ils ne l'ont pas volé. A-t-on idée de prêter si maladroitement le flanc aux sarcasmes, de toucher à des questions aussi graves avec tant de gaucherie et de légèreté ?

Mais quelques mois, le plus souvent quelques années passent, et l'on assiste à ce fait étonnant : non seulement les nouveaux lecteurs de ces romans, mais leurs plus grands admirateurs eux-mêmes, quand par malchance ils commettent l'imprudence de les rouvrir, éprouvent à leur contact la même sensation pénible que devaient éprouver les oiseaux qui tentaient de picorer les fameux raisins de Zeuxis. Ce qu'ils voient n'est plus qu'un trompe-l'œil. Une plate et inerte copie. Les personnages ressemblent à des mannequins de cire, fabriqués selon les procédés les plus faciles et les plus conventionnels. Il est clair que ces livres ne peuvent même pas servir, tels certains romans du passé, de documents sur leur époque, tant on a peine à croire que ces schémas enfantins, ces poupées, imitant la plus grossière apparence, que sont leurs héros, aient jamais pu éprouver les sentiments, affronter les conflits, avoir à résoudre les problèmes qu'éprouvaient, affrontaient, avaient à résoudre les hommes vivants de leur temps.

Qu'est-il donc arrivé? Et comment expliquer une pareille métamorphose?

Il convient d'observer tout d'abord que les auteurs des ouvrages qui nous occupent ne sont pas dénués de talent. Ils possèdent incontestablement ce qu'il est convenu d'appeler les dons de romancier. Ils savent non seulement inventer une intrigue, développer une action, créer ce qu'on appelle une « atmosphère », mais encore, et surtout, ils

savent saisir et rendre la ressemblance.
Chaque geste de leurs personnages, la façon
dont ils lissent leurs cheveux, rectifient le
pli de leur pantalon, allument une cigarette
ou commandent un café-crème, et aussi les
propos qu'ils tiennent, les sentiments qu'ils
éprouvent, les idées qui les traversent,
donnent à tout moment au lecteur l'impression réconfortante et délicieuse de reconnaître ce qu'il a pu ou aurait pu lui-même
observer. On peut même dire que la grande
chance de ces romanciers, le secret de leur
bonheur, et de celui de leurs lecteurs, réside
en ceci, qu'ils viennent établir tout naturellement leur poste d'observation juste à
cet endroit précis où le place aussi le lecteur. Ni au-deçà, là où se trouvent les auteurs et les lecteurs des romans-feuilletons,
ni au-delà, dans ces pénombres secrètes,
dans ce bouillonnement confus où nos
actes et nos paroles s'élaborent, non, juste
là où nous avons l'habitude de nous placer
nous-mêmes, quand nous voulons rendre

compte assez clairement à nous-mêmes ou
aux autres de nos sentiments ou de nos
impressions. Et même, à en juger par les
conversations des gens les plus avertis en
matière de psychologie, dès qu'ils se mettent
à échanger des confidences ou des médi-
sances, à se décrire ou à décrire leur prochain, ces romanciers sont plutôt au-delà,
juste un peu plus en profondeur.

Grâce à cette position heureuse, ils
mettent leurs lecteurs en confiance ; ils
leur donnent l'impression d'être chez soi,
parmi des objets familiers. Un sentiment
de sympathie, de solidarité et aussi de re-
connaissance les unit à ce romancier si
semblable à eux-mêmes, qui sait comprendre si bien ce qu'eux-mêmes éprouvent,
mais qui, en même temps, un peu plus lucide qu'eux, plus attentif, plus expérimenté,
leur révèle sur eux-mêmes et sur les autres
un peu plus que ce qu'ils croient connaître
et les conduit, juste assez excités par un
très léger effort, mais jamais fatigués ou

découragés par un effort excessif, jamais
ralentis ou arrêtés dans leur marche, vers
ce à quoi ils aspirent quand ils se mettent
à lire un roman ; un secours dans leur solitude, une description de leur situation, des
révélations sur les côtés secrets de la vie
des autres, des conseils pleins de sagesse,
des solutions justes aux conflits dont ils
souffrent, un élargissement de leur expérience, l'impression de vivre d'autres vies.

Ces besoins paraissent si naturels et le
contentement que procure leur satisfaction
est si fort, qu'on comprend l'impatience
que provoquent, chez ces lecteurs, au moment où ils se sentent le plus comblés,
les trouble-fête qui viennent leur parler
d' « art » ou de « style ». Que leur importe,
à ces lecteurs, que ces ouvrages ne soient
pas destinés à durer ? Si, le jour où avec
l'aide de ces livres, les difficultés avec lesquelles ils sont aux prises seront surmontées,
où leur situation sera transformée, où leurs
sentiments auront changé et leur curiosité

sera excitée par de nouveaux modes de vie, l'intérêt pour ces ouvrages doit tomber et disparaître l'excitation qu'ils provoquent, il n'y a là rien à redire, on aurait tort de le regretter. Quel besoin y a-t-il de stocker pour un avenir inconnu des œuvres en apparence inusables ? Il s'agit de toute urgence d'apporter une aide efficace aux hommes de son temps. Qu'un livre s'use après avoir servi, voilà qui est naturel et sain. On le jette et on le remplace.

Et cette opinion serait d'une si évidente sagesse que personne ne songerait à la contester, s'il n'y avait précisément ce seul point très troublant : cette impression pénible, dès que tombe l'excitation que procuraient ces ouvrages, que ce qu'ils décrivaient n'était pas la réalité. Ou plutôt que ce n'était qu'une réalité de surface, rien que la plus plate et la plus banale apparence. Plus banale et plus sommaire encore, contrairement à ce qui avait semblé d'abord que celle que nous percevons nous-mêmes, si pressés et distraits que nous soyons.

On sait combien, dans notre hâte, dans
la nécessité où nous sommes, à chaque instant, d'aller au plus pressé, de nous guider
d'après les plus grossières apparences, nous
pouvons être ignorants et crédules. Il
suffit de se rappeler quelle révélation a été
pour nous le monologue intérieur ; la mé_
fiance avec laquelle nous avons considéré et
considérons parfois encore les efforts de
Henry James ou de Proust pour démon-
ter les rouages délicats de nos mécanismes
intérieurs ; avec quel empressement nous
acceptons de croire que telle grille — comme
la psychanalyse — posée sur cette immense masse mouvante qu'on nomme notre
« for intérieur », où l'on peut trouver tout
ce qu'on veut, la recouvre tout entière et
rend compte de tous ses mouvements ; et
avec quelle satisfaction, quel sentiment de
délivrance nous nous sommes laissés con-
vaincre, et sommes restés, pour la plupart
d'entre nous, convaincus, que ce « for in-

térieur », tout récemment encore si fertile en découvertes, n'existait pas, n'était rien : du vide, du vent.

Mais ce qui nous fait perdre tout jugement et porte notre crédulité à son comble, c'est ce besoin qui nous pousse à chercher, dans les romans ces satisfactions dont nous avons déjà parlé et qu'il faut bien qualifier d'extra-littéraires, puisque aussi bien des ouvrages dénués de valeur littéraire que des œuvres ayant atteint le plus haut degré de perfection peuvent nous les donner.

Alors, notre suggestibilité, notre malléabilité déjà si grandes deviennent vraiment étonnantes : dans l'impatience où nous sommes d'éprouver ces jouissances qui nous sont si généreusement offertes dans ces livres, nous cherchons à nous reconnaître dans les images les plus grossières, nous nous faisons inconsistants à souhait pour pouvoir nous couler aisément dans les moules tout préparés qu'on nous tend ; nous devenons à nos propres yeux si

exsangues et si vides que, si étriquées que
soient ces formes, il nous semble qu'elles
nous contiennent tout entiers. Mais il n'est
pas jusqu'aux papiers tout imprimés que
distribuent les diseuses de bonne aventure
où nous n'ayons miraculeusement l'impression de nous reconnaître, dès l'instant où
nous effleure le vague espoir d'y trouver un
réconfort et d'y lire notre avenir!

Aussi, un roman qui parvient à satisfaire cette passion dangereuse devient-il
pour nous à bon compte, l'image même de
la vie, une œuvre du plus puissant réalisme. Nous le comparons aux meilleurs
classiques, aux ouvrages les plus accom-
plis.

Ici les pires soupçons se confirment. Pour
qu'une pareille confusion soit possible, il
faut donc que ce soient des satisfactions
de cette sorte que demandent aux œuvres
de qualité leurs admirateurs. Il est permis
de penser que la plupart des lecteurs de
Proust l'ont aimé et l'aiment encore pour

des raisons qui ont peu de chose à voir avec
ce qui fait sa valeur et ne sont pas très
différentes de celles pour lesquelles leurs
parents ou leurs grands-parents aimaient
Georges Ohnet.

C'est même, on en vient à le croire, ce
qui a le plus vieilli dans les bons ouvrages,
ce qui a été le plus imité, et, de ce fait, est
devenu le plus couramment admis, paraît
aller de soi, qui justement les rapproche,
aux yeux de leurs admirateurs, des faux
bons romans. Comme ceux-ci, ils ne dressent
plus d'obstacles, n'exigent plus guère d'efforts, et permettent aux lecteurs, confortablement installés dans un univers familier, de se laisser glisser mollement vers
de dangereuses délices.

Cependant les bons livres sauvent les lecteurs malgré eux. Ces livres, en effet, présentent avec les autres cette différence
qu'on aurait bien tort de considérer comme
négligeable : ils supportent d'être relus.

Et il ne faudrait pas croire que ce qui

sépare les auteurs de ces deux sortes d'ouvrages, c'est surtout une différence de talent. A y bien regarder, c'est plutôt une
différence radicale d'attitude envers l'objet
sur lequel doivent porter tous leurs efforts,
et, en conséquence, une totale différence
de méthode. Si bien qu'on devrait ranger
dans la même catégorie, dès qu'ils montrent la même attitude et adoptent les
mêmes méthodes de travail, à côté des
auteurs anciens dont les livres sont relus,
même des auteurs actuels, quel que soit
leur talent (le talent se trouvant réparti à peu
près également dans les deux catégories) et
si grande que puisse être l'incertitude sur
le sort que l'avenir réserve à leurs livres.

S'il fallait désigner tous ceux-ci par un
nom, c'est le nom de « réalistes » qu'il
faudrait leur donner, pour les opposer aux
autres, auxquels s'applique très exactement, si paradoxal et même scandaleux
que cela puisse leur paraître, le nom de
« formalistes ».

Mais, dira-t-on, qu'appelez-vous donc un auteur réaliste ? Eh bien, tout bonnement — et que cela pourrait-il être d'autre ? — un auteur qui s'attache avant tout — quel que soit son désir d'amuser ses contemporains ou de les réformer, ou de les instruire, ou de lutter pour leur émancipation — à saisir, en s'efforçant de tricher le moins possible et de ne rien rogner ni aplatir pour venir à bout des contradictions et des complexités, à scruter, avec toute la sincérité dont il est capable, aussi loin que le lui permet l'acuité de son regard, ce qui lui apparaît comme étant la réalité.

Pour y parvenir, il s'acharne à débarrasser ce qu'il observe de toute la gangue d'idées préconçues et d'images toutes faites qui l'enveloppent, de toute cette réalité de surface que tout le monde perçoit sans effort et dont chacun se sert, faute de mieux, et il arrive parfois à atteindre quelque chose d'encore inconnu qu'il lui semble être le premier à voir. Il s'aperçoit sou-

vent, quand il cherche à mettre au jour
cette parcelle de réalité qui est la sienne,
que les méthodes de ses prédécesseurs,
créées par eux pour leurs propres fins, ne
peuvent plus lui servir. Il les rejette alors
sans hésiter et s'efforce d'en trouver de
nouvelles, destinées à son propre usage.
Peu lui importe qu'elles déconcertent ou
irritent d'abord les lecteurs.

Si grande et si sincère est sa passion
pour cette réalité qu'il ne recule pour elle
devant aucun sacrifice. Il accepte le plus
grand de tous ceux qu'un écrivain puisse
être amené à consentir : la solitude et les
moments de doute et de détresse qu'elle
comporte (et que révèlent, chez quelques-
uns des meilleurs, des exclamations comme
celles-ci : « Je serai compris en 1880 » ou :
« Je gagnerai mon procès en appel », où
il est injuste de voir je ne sais quel rêve
enfantin de conquête posthume et de gloire,
alors qu'elles montrent chez ces écrivains
le besoin de se donner du courage, de for-

tifier leur certitude, de se persuader que
ce qu'ils étaient à peu près seuls à voir était
vrai, et non un mirage ou, comme il arri-
vait à Cézanne de le penser, l'effet de
quelque défaut de la vue).

Le style (dont l'harmonie et la beauté
apparente est à chaque instant pour les
écrivains une tentation si dangereuse), n'est
pour lui qu'un instrument ne pouvant avoir
d'autre valeur que celle de servir à extraire
et à serrer d'aussi près que possible la parcelle de réalité qu'il veut mettre au jour.
Tout désir de faire du beau style pour le
plaisir d'en faire, pour se donner et pour
donner aux lecteurs des jouissances esthé-
tiques, est pour lui proprement inconce-
vable, le style, à ses yeux, ne pouvant être
beau qu'à la façon dont est beau le geste de
l'athlète : d'autant plus beau qu'il est mieux
adapté à sa fin. Sa beauté, faite de vigueur,
de précision, de vivacité, de souplesse,
de hardiesse et d'économie des moyens,
n'est que l'expression de son efficacité.

Cette réalité à laquelle tous ces écrivains
se sont attachés avec une passion si exclu-
sive et si sincère, quand il est arrivé à
certains d'entre eux de la saisir, que ce soit
sous son aspect métaphysique ou poétique
ou psychologique ou social ou — c'était
parfois là leur chance, il faudrait plutôt
dire leur récompense — sous tous ces as-
pects à la fois, rien ne parvient plus à la
détruire ni seulement à la dégrader. A
travers des idées souvent périmées, des sentiments trop connus ou désuets, des personnages plus frustes que ceux que, depuis, nous avons appris à connaître, une
intrigue dont ni les péripéties, ni le dénouement n'ont plus rien d'imprévu, sous le
lourd appareil que ces romanciers ont dû
construire pour la capter et où elle nous
paraît aujourd'hui emprisonnée, nous la
sentons comme un noyau dur qui donne sa
cohésion et sa force au roman tout entier,
comme un foyer de chaleur qui irradie à
travers toutes ses parties, quelque chose

que chacun reconnaît, mais qu'on ne sait
désigner autrement que par des termes im-
précis, tels que : « la vérité » ou « la vie ».
C'est à cette réalité-là que nous revenons
toujours, malgré nos trahisons et nos éga-
rements passagers, prouvant par là qu'en
fin de compte c'est à elle que nous aussi
nous tenons par-dessus tout.

Il en va tout autrement des formalistes
et de leurs ouvrages. Et c'est bien à eux
que convient ce nom de formalistes, quoi-
qu'ils ne l'emploient, le plus souvent
qu'avec dérision pour l'appliquer aux écrivains de l'autre camp, se réservant, si
étrange que puisse paraître une pareille
inconscience, celui de « réalistes ».

Il est bien clair pourtant que la réalité
n'est pas leur principale affaire. Mais la
forme, toujours, celle que d'autres ont inventée et dont une force magnétique les
empêche de jamais pouvoir s'arracher.
Tantôt cette forme est celle, aux lignes har-
monieuses et pures, où les écrivains dits

« classiques » enserraient si étroitement
l'objet fait d'un seul bloc de cette matière
dense et lourde sur lequel ils concentraient
leurs efforts. Peu importe à ces formalistes
que cet objet, ayant été désintégré en particules innombrables, ne soit plus qu'une
immense masse fluctuante qui ne se laisse
plus enfermer entre ces sobres contours.
C'est la simplicité élégante de la forme classique qu'avant tout ils s'efforcent d'atteindre, quand bien même cette forme qu'ils
fabriquent ne serait plus aujourd'hui qu'une
mince coquille vide qui craquera à la plus
légère pression.

Tantôt, abandonnant l'harmonie et la
sobre élégance, ils adoptent une forme dont
la caractéristique essentielle est qu'elle
tend à faire « ressemblant ». Elle y parvient
sans difficulté, étant ainsi faite qu'elle ne
peut plus guère aujourd'hui saisir et cer-
ner quoi que ce soit d'encore mal connu,
d'insolite, et donc, au premier abord, d'in-
vraisemblable et de déconcertant. Il n'en

était pas ainsi autrefois, au temps où elle
a été inventée pour révéler ce qui était
encore inconnu et caché. Mais, depuis lors,
ce qui est inconnu et caché s'étant dé-
placé et se trouvant hors de son atteinte,
elle s'est vidée de son contenu vivant et
ne fait plus guère que recouvrir d'assez
grossières et schématiques apparences :
silhouettes de personnages typifiés, sim-
plifiés à l'excès, sentiments convenus, actions conduites moins en accord avec une
expérience sincère qu'avec la convention
romanesque que cette forme impose, dialogues qui rappellent moins ceux que nous
pourrions entendre, si nous écoutions très
attentivement et d'une oreille non préve-
nue ce que nous disons nous-mêmes et ce
qui se dit autour de nous, que ceux qu'é-
changent d'ordinaire les personnages de
ces sortes de romans.

Seule une longue habitude, devenue pour
nous une seconde nature, notre soumission
à toutes les conventions généralement ad-

mises, notre distraction continuelle et notre
hâte, et, par-dessus tout, cette avidité qui
nous pousse à dévorer les appétissantes
nourritures que ces romans nous offrent,
nous font accepter de nous laisser prendre
aux surfaces trompeuses que cette forme
fait miroiter devans nous.

Quand on voit l'emprise que ces formalistes parviennent à exercer aujourd'hui sur
le roman, on ne peut s'empêcher de donner
raison à ceux qui affirment que le roman
est le plus désavantagé de tous les arts.

Il est difficile, en effet, d'imaginer que
les romanciers puissent se permettre quoi
que ce soit de comparable à l'évasion qu'ont
tentée les peintres, quand ceux-ci ont fait
sauter d'un seul coup tout le vieux système de conventions — qui servait moins
à révéler, comme autrefois, qu'à masquer
ce qui était à leurs yeux le véritable objet
pictural, — supprimant le sujet et la perspective et arrachant le spectateur aux apparences familières où il avait l'habitude de

trouver des satisfactions avec lesquelles la
peinture n'avait plus grand-chose à voir
Il est vrai que cette évasion n'a été que de
courte durée. Les nouveaux formalistes,
imitateurs de ces peintres, eurent vite fait
de transformer ces formes vivantes en formes mortes, et les spectateurs d'y retrouver, au lieu des joies faciles que leur procuraient les sujets ressemblants de la vieille
peinture, celle que donne la vue d'agréables
motifs décoratifs.

Mais comment le romancier pourrait-il
se délivrer du sujet, des personnages et de
l'intrigue ? Il aurait beau essayer d'isoler
la parcelle de réalité qu'il s'efforcerait de
saisir, il ne pourrait qu'elle ne soit intégrée
à quelque personnage, dont l'œil bien
accommodé du lecteur reconstituerait aussitôt la silhouette familière aux lignes simples et précises, que ce lecteur affublerait
d'un « caractère », où il retrouverait un de
ces types dont il est si friand, et qui acca-
parerait par son aspect bien ressemblant

et « vivant » la plus grande part de son attention. Et ce personnage, quelque effort que le romancier puisse faire pour le maintenir immobile, afin de pouvoir concentrer son attention et celle du lecteur sur des frémissements à peine perceptibles ou il lui semble que s'est réfugiée aujourd'hui la réalité qu'il voudrait dévoiler, il n'arrivera pas à l'empêcher de bouger juste assez pour que le lecteur trouve dans ses mouvements une intrigue dont il suivra avec curiosité les péripéties et attendra avec impatience le dénouement.

Ainsi, quoi que fasse le romancier, il ne peut détourner l'attention du lecteur de toutes sortes d'objets que n'importe quel roman, qu'il soit bon ou mauvais, peut lui fournir.

Bien des critiques, d'ailleurs, encouragent, en s'y laissant aller eux-mêmes, cette distraction et cette légèreté des lecteurs, et entretiennent la confusion.

Il est étonnant de voir avec quelle com-

plaisance ils s'appesantissent sur l'anec-
dote, racontent « l'histoire », discutent les
« caractères » dont ils évaluent la vraisemblance et examinent la moralité. Mais c'est
en ce qui concerne le style que leur attitude est le plus étrange. Si le roman est
écrit dans un style qui rappelle celui des
classiques, il est bien rare qu'ils n'attri-
buent à la matière que ce style recouvre,
si indigente soit-elle, les qualités d'*Adolphe* ou de *La Princesse de Clèves*. Si, au
contraire, un de ces romans aux personnages si ressemblants et aux intrigues si
passionnantes, se trouve être écrit dans un
style plat et lâché, ils parlent de ce défaut
avec indulgence, comme d'une imperfec-
tion regrettable, sans doute, mais sans
grande importance, qui ne peut choquer
que les délicats, qui n'entame en rien la
valeur véritable de l'œuvre : quelque
chose d'aussi superficiel, d'aussi insignifiant
qu'une petite verrue ou un simple bouton
sur un beau et noble visage. Alors que c'est

plutôt le bouton révélateur qui apparaît
sur le corps du pestiféré, la peste n'étant ici
rien d'autre qu'une attitude peu sincère et
peu loyale envers la réalité.

Mais la confusion est portée à son comble
quand, s'appuyant précisément sur cette
tendance du roman à être un art toujours
plus retardataire que les autres, moins
capable de se dégager des formes périmées,
vidées de tout contenu vivant, on veut en
faire une arme de combat, destinée à servir
la révolution ou à maintenir et à perfectionner les conquêtes révolutionnaires.

Alors on aboutit à des résultats étranges
qui constituent, non seulement pour le
roman — ce qui ne serait, après tout, pas
si grave, et on pourrait, s'il le fallait, s'y
résigner — mais pour la révolution à faire
et pour les masses qu'elle doit libérer, ainsi
que pour la sauvegarde des conquêtes d'une
révolution déjà accomplie, une assez inquiétante menace : en effet, les satisfactions
que nous avons nommées extra-littéraires,

conseils, exemples, éducation morale et
sociale, etc. qu'il est dans la nature du
roman de dispenser si généreusement à ses
lecteurs, devenant la raison d'être essentielle du roman, il se produit un renverse-
ment de toutes les valeurs : tout ce qui
asservit le roman à une forme académique
et figée est précisément ce dont on se sert
pour faire du roman une arme révolution-
naire : des personnages comme des poupées
de cire, aussi « ressemblants » que possible,
si « vivants » qu'au premier coup d'œil le
lecteur devrait avoir envie de les toucher du
doigt pour voir s'ils vont ciller, comme on
a envie de le faire aux poupées du musée
Grévin — voilà ce qu'il faut pour que les
lecteurs se sentent à l'aise, pour qu'ils puissent sans difficulté s'identifier à eux et
revivre ainsi avec eux leur situation, leurs
souffrances et leurs conflits.

Mais des « types » encore plus grossièrement bâtis, les schémas les plus simples, le
héros positif et irréprochable et le traître,

feront même mieux l'affaire, étant pour
ces masses, dont ces romanciers sous-esti-
ment la sensibilité et la lucidité, des miroirs
à alouettes magnifiques ou de très effi-
caces épouvantails. Une intrigue alertement
menée selon les règles du vieux roman fera
pirouetter ces poupées et créera cette excitation facile qui soutient si bien l'attention
fragile du lecteur. Et le style, sorte de style
de digest, identique dans tous ces ouvrages,
puisqu'il ne sert jamais à révéler une réalité neuve en faisant craquer le vernis d'apparences convenues qui la recouvre, mais
coule mollement sans rencontrer d'obs-
tacle, enduisant des surfaces lisses, eh
bien, ce style ne sera jamais trop banal,
trop simple, trop coulant, puisque ce sont
là des qualités qui peuvent rendre l'œuvre
accessible aux grandes masses et leur faci-
liter l'ingurgitation de ces nourritures subs-
tantielles qu'on se fait un devoir de leur
offrir.

Ainsi, au nom d'impératifs moraux, on

aboutit à cette immoralité que constitue
en littérature une attitude négligente, con-
formiste, peu sincère ou peu loyale à l'égard
de la réalité.

En présentant aux lecteurs une réalité
pipée et tronquée, une pauvre et plate
apparence où, le premier instant d'excitation et d'espoir passé, ils ne retrouvent
rien de ce qui constitue véritablement leur
vie ni des vraies difficultés avec lesquelles
ils sont aux prises ni des véritables conflits
qu'ils ont à affronter, on éveille en eux la
désaffection et la méfiance, on les décourage
dans leurs efforts pour trouver dans la littérature cette satisfaction essentielle qu'elle
seule peut leur donner : une connaissance
plus approfondie, plus complexe, plus
lucide, plus juste que celle qu'ils peuvent
avoir par eux-mêmes de ce qu'ils sont, de
ce qu'est leur condition et leur vie.

Il est arrivé et il arrive que des écrivains découvrent, dans une expérience
sincère et vivante dont les racines pénè-

trent loin dans ce fonds inconscient d'où
jaillit tout effort créateur, en faisant éclater les vieilles formes sclérosées, cet aspect
de la réalité qui peut servir directement et
efficacement à la propagation et à la vic-
toire des idées révolutionnaires. Mais il
peut arriver aussi (même dans une société
qui s'efforcerait d'être la plus juste et la
mieux conçue pour assurer le développe-
ment harmonieux de tous ses membres :
cela, on peut l'affirmer comme une certitude, sans aucun risque de se tromper), il
peut arriver que des individus isolés, inadaptés, solitaires, morbidement accrochés à
leur enfance et repliés sur eux-mêmes, cul-
tivant un goût plus ou moins conscient
pour une certaine forme d'échec, parviennent, en s'abandonnant à une obsession en
apparence inutile, à arracher et à mettre au
jour une parcelle de réalité encore inconnue.

Leurs œuvres, qui cherchent à se dégager
de tout ce qui est imposé, conventionnel et

mort, pour se tourner vers ce qui est libre, sincère et vivant, seront forcément tôt ou tard des levains d'émancipation et de progrès.

On conçoit qu'il ait pu paraître et qu'il paraisse encore prématuré de permettre à des masses, qui avaient été maintenues pendant des siècles dans l'ignorance, d'accéder trop rapidement à une connaissance plus approfondie de la complexité et des contradictions de leur vie : cela risquerait de les détourner d'un travail de construction dont dépend leur existence et qui doit concentrer sur lui toute leur attention et exiger tous leurs efforts.

Cependant, l'indifférence, la désaffection grandissante, non seulement de leurs élites, mais des masses elles-mêmes pour des œuvres littéraires sans vitalité, fabriquées suivant les vieux procédés d'un formalisme sclérosé, et le goût de ces masses pour les grandes œuvres du passé qui leur ont été révélées, prouvent que le moment n'est pas loin où l'on devra non seulement laisser travailler sans les décourager ces individus inadaptés et ces solitaires, mais encore les pousser à s'abandonner à leur manie.

Janvier 1956.

ACHEVÉ D'IMPRIMER LE
25 MARS 1970 SUR LES
PRESSES DE L'IMPRIMERIE
BUSSIÈRE, SAINT-AMAND (CHER)

— Nᵒ d'édit. 15.000. — Nᵒ d'imp. 492. —
Dépôt légal : 1ᵉʳ trimestre 1970.
Imprimé en France